KB200750

기도는 죽지 않는다

패밀리타임 **2** 가족을 위한 기도

기도는
죽지 않는다

홍장빈 · 박현숙 지음

규장

따뜻한 집

추운 날, 외출하고 돌아온 아이가 말했다.
"집에 들어오니 따뜻해서 좋아요. 엄마 말씀대로 역시 집은 따뜻해야 해요."
내가 늘 "집이 따뜻해야 한다"라고 말하는 것은 난방 상태와 더불어 가족 사이에 흐르는 사랑의 온도를 포함한다. 또 온 가족이 예수님을 믿고 영혼마저 따뜻한 그런 집을 의미한다. 나는 이 땅의 모든 집이 따뜻한 집이 되기를 기도한다.

아이들이 추위를 피해 들어가고 싶은 집이 되게 하소서.
아내의 몸과 마음이 편히 쉴 수 있는 집이 되게 하소서.
남편이 가족을 향해 발걸음을 재촉하는 집이 되게 하소서.
가족 모두 예수를 믿고 구원받은 집이 되게 하소서.
부모와 자녀가 함께 손잡고 기도하는 집이 되게 하소서.
두 손을 높이 들고 주님을 찬양하는 그런 집이 되게 하소서.

누구든지 따뜻한 집을 바라지만 그런 집을 만드는 것은 쉽지 않다. 그래서 나는 주님의 도우심을 바라며 기도한다. 소망을 잃지 않고 끝까지 기도하는 것도 쉽지 않다. 기도하는 사람은 격려와 지지가 필요하다. 이 책이 그런 역할을 했으면 좋겠다.

나는 글을 쓰는 내내 두 개의 쪽지를 컴퓨터 모니터 하단에 붙여놓았다. 하나는 강의를 마치고 나오는 길에 한 분이 건네준 쪽지다.

"남편과 시댁은 아무도 예수님을 믿지 않습니다. 남편과 사는 것도 힘든데, 시댁과도 갈등이 심합니다. 제가 이런 삶을 끝까지 사는 것이 맞는지 기도를 부탁합니다."

홀로 믿음의 분투를 하는 자매의 외로움이 글에서 느껴졌다. 나는 이 쪽지를 눈에 잘 띄는 곳에 붙여놓고, 자매와 그녀의 가족을 위해 기도했다.

나는 지금껏 그 자매와 비슷한 상황에 처한 사람을 많이 만났다. 9남매 중 혼자 예수님을 믿는다는 사람이 있었다. 가족 모임이나 가족 카톡방에서 어떤 사회적 이슈로 교회를 비판할 때면 그 화살이 일제히 자기를 향한다고 했다.

사랑하는 가족에게 당하는 소외감이 견디기 힘들다고 했다. 그러면서 지금까지 가족 구원을 위해 기도해왔는데, 앞으로 어떻게 해야 좋을지 모르겠다고 했다.

또 어떤 분은 가족 모임에 가는 것조차 싫다고 했다. 가족 구원과 회복을 위해 오랜 세월 동안 기도했는데 이젠 지쳤다고 하면서…. 가족이 모이면 술 마시고 싸우는 일이 반복되다 보니 갈수록 원망과 상처만 깊어진다고 했다. 이런 분들에게 위로와 격려가 되길 간절히 바라며 글을 썼다.

두 번째 쪽지는 사도행전 16장 31절 말씀이다.

"주 예수를 믿으라 그리하면 너와 네 집이 구원을 받으리라."

우리 집에서 나 혼자 예수님을 믿던 어린 시절부터 의지한 말씀이다. 이 말씀을 붙들고 간절히 기도하며 응답받은 사람들도 많이 만났다. 어려서부터 혼자 예수님을 믿은 사람을 제주도에서 만났다. 그녀의 기도와 전도로 부모님과 동생들은 예수님을 믿게 되었는데 언니만 복음을 받아들이지 않았다고 했다. 그래도 포기하지 않고 기도했더니 65년 만에 응답이 되었다고 간증했다.

시어머니의 구원을 위해 오래 기도한 분도 만났다. 시어머니를 극진히 공경하며 기도를 쉬지 않았더니, 시어머니뿐만 아니라 남편까지 예수께 돌아왔다고 했다. 이제는 온 가족이 주께 헌신해서 기쁘다고 말했다.

가출을 반복하는 아들을 위해 눈물로 기도한 분도 만났다. 그는 인내와 사랑으로 아들을 위해 끝없이 기도했다. 결국 주님께 돌아온 아들은 훌륭하게 성장했고, 방황하는 청소년을 돕는 사람이 되었다.

이 외에도 가족을 위해 기도하고 응답받은 사람을 많이 만났다. 그들의 인내와 사랑의 수고에 존경과 박수를 보낸다. "기도는 죽지 않고 살아서 마침내 응답된다"라는 사실을 증명한 분들이다. 그들의 이야기는 가족을 위해 기도하는 사람들에게 큰 소망을 준다. 그 소망이 이 책을 통해 전달되기를 간절히 바란다.
이미 기도 응답을 받은 분, 지금 기도를 시작하는 분, 가족 구원과 가정 회복을 위해 기도하며 외롭게 분투하는 분에게 격려의 말을 드린다.

"당신은 따뜻한 집을 만드는 환한 등불입니다."

박현숙

반드시 돌아오리라

가족을 위해 기도하다가 몸과 마음이 지친 분을 만났다. 소망이 보이지 않아 기도를 그만하고 싶다고 했다. 시간이 지날수록 결혼할 때 꿈꾸었던 행복한 모습에서 점점 멀어진다고 하소연했다.

온 가족이 예수님을 믿고 하나님을 사랑하면서 잘 살고 싶은데 자신이 없다며 말을 잇지 못하고 울기 시작했다. 그와 함께 울다가 하나님의 말씀이 떠올랐다.

눈물을 흘리며 씨를 뿌리는 자는 기쁨으로 거두리로다
울며 씨를 뿌리러 나가는 자는
반드시 기쁨으로 그 곡식 단을 가지고 돌아오리로다

시 126:5,6

우리 부부도 가족을 생각하면서 눈물로 보낸 날이 많다. 우리 힘으로 해결할 수 없는 상황이 계속되었고, 아무리 인간적인 노력을 해보아도 그때뿐이었다. 그래서 하나님께 기도했다. 기도를 쉬지 않았다.

가족 구원을 위해 기도하는 사람은 반드시 그 열매를 보게 된다. 포기하지 않고 기도하면 하나님 보좌 앞에 있는 향로에 기도가 가득 쌓인다. 그리고 향로가 부어질 때, 하나님의 응답으로 가정이 회복되고, 구원의 은혜가 온 가족에게 임한다.

우리 부부는 가정 사역으로 분주하게 지내다가 2017년 여름에 강원도 태백의 예수원을 찾았다. 사역을 잠시 내려놓고 예수님의 십자가 앞에서 우리를 돌아보며 기도했다. 그때 '성령으로 가정을 회복하라'라는 말씀을 들었다.

우리는 이 말씀을 어떻게 적용해야 할지 대화했고, 가정은 '기도'로 새롭게 된다는 결론을 얻었다. 이 책은 우리 가족이 기도로 변화되고 관계를 회복한 이야기이다. 기도와 응답을 있는 그대로 썼다.

이 책은 다른 책에 비해 집필 시간이 더 많이 걸렸다. 본격적으로 글쓰기에 앞서 먼저 충분히 기도했다. 기도하면서 글을 쓰고, 글을 쓰다가 또다시 기도하기를 반복했다. 기도하면서 다섯 문장을 받았다.

- 사람은 죽어도 기도는 죽지 않는다.
- 우리가 기도하면 하나님이 일하신다.
- 기도로 문을 열고, 기도로 벽을 깬다.
- 가족 구원과 가정 회복을 위해 효과적으로 기도한다.
- 우리가 축복하면 하나님이 복을 주신다.

우리의 삶에 녹아있는 문장이었다. 우리 부부는 한 문장씩 나누어 차례대로 썼다. 글을 쓰다가 예전 일이 생각나면 쓰기를 멈추고 울기도 하고 웃기도 했다. 하나님의 응답과 돌보심이 아니었다면 우리 가족은 지금 어떻게 되었을까? 결국 우리의 기도와 하나님의 응답이 핵심이었다.

자녀 양육, 부부 사랑, 부모 공경은 모든 가정이 꿈꾸는 행복한 모습이다. 여러 방법으로 노력하고 수고하면 적절한 보상이 있다. 그러나 하나님이 도와주실 때 비로소 온전한 가정이 이루어진다. 기도하는 가정은 반드시 변화된다.

홍장빈

들어가는 글

PART 3

가족 구원과 가정 회복을 위한
중보기도 5단계

PART 4

가족을 위한
기도문

PART 1

사람은 죽어도
기도는 죽지 않는다

기도는 죽지 않는다

13년 만에 온 전화

"여보! 아주버님이 전화하셨어."

"뭐라고? 언제? 왜?"

"당신이 없을 때. 그런데 우리더러 오라고 하시네. 이유는 말씀 안 하시고⋯."

형이 아내에게 전화를 걸었다. 다른 집 같으면 특별한 소식이 아니겠지만 우리에게는 놀라운 일이었다. 13년 만에 형의 연락을 받았기 때문이었다. 나는 밥을 먹다가 숟가락을 떨어뜨렸다. 숨이 막히고 밥이 넘어가지 않았다. 복잡한 생각만 떠올랐다.

'형이 만나자고 하다니⋯ 이런 날이 오는구나. 기도 응답일까?'

"집으로 오래?"

"아니…."

"그래? 언제 오라고 했는데?"

"내일."

"집이 아니면 어디로?"

"그게…."

다음 날, 세브란스 병원 로비에서 형을 만났다. 오랜만에 만난 형은 내가 상상한 모습과 많이 달랐다. 우리는 서로 시선을 피하며 무슨 말을 꺼내야 할지 몰랐다. 나는 형이 병원으로 오라고 한 이유를 몰라서 더 조심스러웠다.

형이 안부 묻기를 생략하고, 먼저 목이 메는 듯 말했다.

"어머니가… 췌장암 말기시다."

불과 며칠 전에 어머니와 통화할 때도 별다른 이야기가 없었는데, 갑자기 말기 암이라니 믿어지지 않았다.

13년 전, 나는 형과 싸우고 집을 나왔다. 서로 연락하지 않고 각자 살았다. 어머니에게서 가끔 형 소식을 들었다. 그 사이에 나는 결혼했고, 아이들이 태어났다. 내 결혼식 전후로 화해할 기회가 있었지만, 내가 고집을 꺾지 않아서 사이가 더 나빠졌다. 형은 우리 부부를 집에도 못 오게 했다. 어머니가 손주들을 보고 싶어 하시면 집 밖에서 만났다.

어렸을 때는 형과 사이가 좋았다. 태권도를 잘하는 형이 멋있어서 나는 늘 친구들에게 형 자랑을 했다. 형도 나를 잘 도와주었다. 내가 남의 밭에서 고구마를 서리해 아버지에게 혼날 때면 형이 내 편을 들어주었다. 또 토끼 키우는 법도 가르쳐주고, 내가 없을 때는 내 토끼를 정성껏 돌봐주었다. 아버지가 내게 선물로 준 강아지 또리와도 잘 놀아주었다.

형이 중학생, 내가 초등학교 6학년이었을 때 아버지가 갑자기 돌아가셨다. 남겨진 빚을 갚기 위해 집을 팔았다. 하루아침에 집이 없어진 우리 가족은 친척 집으로 흩어졌다. 형은 큰아버지 집으로 가고, 동생들은 외가에 맡겨졌다.

나와 어머니는 서울에서 일하면서 돈을 모았다. 그렇게 따로 산지 몇 년 만에 가족이 모두 서울에서 모여 살게 되었다. 그때부터 형제간에 갈등이 시작되었다. 친척 집에서 학교에 다니던 형과 서울에서 고생하며 일하던 나는 사사건건 부딪쳤다.

우리는 생활과 사고방식이 많이 달라져 있었다. 더구나 내가 예수님을 믿고 교회에 다니면서 갈등은 더욱 심해졌다. 나는 교회생활에 열심이었다. 주말의 대부분을 교회에서 보냈고, 1년 내내 교회 행사에 빠짐없이 참석했다.

하지만 형은 집안 경조사를 중요하게 여겼다. 형이 큰아버지 집의 제사에 나도 참석해야 한다고 말했지만, 나는 그 말을 듣지 않았다. 우리 가족이 집안 어른의 도움을 받았기 때문에 제사에 꼭 가야 한다는 형의 말을 무시했다. 형에게 내 신앙을 핍박한다고 받아쳤다. 제사 문제로 말다툼을 하다가 심하게 싸웠다. 형이 나를 주먹으로 쳤고, 나는 형에게 의자를 집어던졌다. 형제의 싸움이 잦을수록 어머니가 우는 날이 많아졌다.

어느 날, 형이 나를 밀어뜨리기에 나도 모르게 주먹질을 했다. 형은 피하지 않았다. 동생 주먹에 얼굴을 정면으로 맞고도 형은 아무말도 하지 않았다. 그날, 나는 집을 나왔다.

형을 만나기 전날 밤

이후 나는 형이 없는 것처럼 살았다. 누구에게도 형 이야기를 하지 않았다. 결혼하고 나서 아내는 아주버님이 어떤 분이냐고 자주물었다. 나는 대답을 회피했고, 꼭 말해야 할 때는 좋은 사람이 아니라고만 했다. 아내가 말했다.

"그래도 형님과 화해해야 하지 않아?"

"그건 불가능해. 당신이 형을 몰라서 그래. 화목한 가정에서 자란 사람은 절대 이해하지 못할 거야."

하지만 아내는 포기하지 않았다. 다시 화목한 시댁이 되도록 자신이 노력하겠다며 기도하기 시작했다. 그러면서 내게도 형을 위해 기도하라고 권했다.

"나도 기도했었다고!"

예수제자훈련학교(DTS)에서 관계 회복에 관한 강의를 듣거나 교회에서 용서에 관한 설교를 들을 때마다 형이 생각났다. 강의와 설교를 적용하는 시간에 형을 용서한다고 기도했다. 그런데 용서 기도를 아무리 해도 형은 바뀌지 않았다. 우리 가정의 분위기도 그대로였다. 그렇게 몇 번 기도하다가 그만두었다.

그래서 아내도 어느 정도 기도하다가 그만둘 줄 알았는데, 기도를 멈추지 않았다. 결혼 연차가 쌓일수록 시댁의 화목을 위해 더 간절히 기도했다.

형에게 연락이 온 날, 나는 형을 만나야 한다는 생각으로 잠을 이루지 못했다.

'무슨 말을 어떻게 꺼내야 할까?'

나는 잠자리에서 일어나 기도하려고 했지만, 아무리 집중해도 기도가 되지 않았다. 성경을 펼쳤다. 마태복음 1장부터 읽기 시작했다. 성경을 읽다가 잠이 오면 자려고 천천히 읽던 중, 마태복음 4장에서 멈추었다.

이때부터 예수께서 비로소 전파하여 이르시되

회개하라 천국이 가까이 왔느니라 하시더라 마 4:17

익숙한 성경 구절이고, 평소에 암송하는 말씀이었다. 그런데 새롭게 와닿았다. 회개해야 천국이 임한다는 예수님의 말씀에서 '회개'

라는 단어가 내 마음을 파고들었다. 나는 이 말씀을 여러 번 소리 내어 읽었다.

'회개해야 천국을 맞이할 수 있다.'

잠이 완전히 달아났다. '우리 가정이 천국이 되려면 회개해야 한다. 형과 관계를 회복하려면 내가 회개해야 한다'는 생각이 성령의 음성으로 다가왔다.

'내가 회개할 것이 있나? 형이 잘못하지 않았나? 형을 용서한다고 기도하는 것으로 충분하지 않나?'

나는 하나님께 진심으로 질문했다.

'하나님, 제가 회개할 것이 있습니까?'

즉시 한 장면이 떠올랐다. 형과 함께 살기 시작했을 때, 전기 요금을 나누어 내는 이웃집과 돈 계산 문제로 말다툼을 했다. 형은 이웃이 원하는 대로 돈을 내라고 했고, 나는 계산이 잘못되었다고 주장했다. 이웃 어른에게 그런 식으로 말하지 말라는 형에게 "돈 벌기가 얼마나 힘든지 형은 몰라"라고 큰소리쳤다.

노트를 펴고 '형을 무시한 죄'라고 썼다. 또 다른 날이 생각났다. '형의 말을 듣지 않은 죄'라고 다음 줄에 썼다. '우리 가족보다 친척들만 생각한다고 형에게 화를 낸 죄', '엄마는 형만 생각한다고 엄마에게 큰소리친 죄', '형과 싸우면서 형을 때린 죄' 등등. 그날 밤늦도록 계속 써내려갔다. 노트 한 페이지가 넘어갔다.

그동안 나는 '상처받은 동생'이라는 생각으로 가득 차서 형을 용서한다는 기도만 했었다. 물론 용서는 상대방이 잘못했다는 뜻이다. 나는 형이 잘못했다고 여기고 살아왔다. 그런데 성령께서 내가 회개해야 한다고 성경 말씀으로 가르쳐주셨다. 회개하면 천국이 가까이 온다고 하셨다.

회개는 내가 잘못했다고 인정할 때 가능하다. 노트 한 장에 적힌 내 잘못들을 읽는데, 처음으로 형에게 미안한 생각이 들었다. 형을 만날 생각을 하니, 마치 얍복 강의 야곱 같은 심정이었다. 형에게 잘못한 나를 용서해달라고 처음으로 기도했다. 그리고 다음 날, 형을 만났다.

어머니의 투병생활

어머니는 하루 전에 입원하셨다고 했다. 온 가족이 병실로 갔다. 우리가 함께 들어오는 모습을 어머니가 보셨다. 형제가 화해하고 화목하게 사는 모습을 보고 싶었던 어머니의 평생 꿈이 병실에서 이루어졌다. 그날부터 우리 형제는 어머니 병간호를 함께했다.

어머니의 병이 깊어질수록 가족 간에 의논해야 할 일이 많아졌다. 나는 어떤 일을 결정할 때마다 달라진 형의 태도를 보고 놀랐다. 형은 무조건 자기주장을 하지 않고, 우리 부부의 의견을 존중했다. 내가 기억하는 형의 모습이 아니었다.

어느 날, 병원에서 집으로 돌아오는 길에 아내가 말했다.

"아주버님은 부드럽고 좋은 분인 것 같아."

"당신이 워낙 잘하니까 형도 그렇게 반응하는 거겠지."

다음 날, 아내는 어머니에게도 말했다.

"어머니, 아주버님이 아주 좋은 분이네요. 저희가 괜히 걱정을 했어요."

"그러니? 그렇게 말해주니 고맙구나."

"강한 분이라고 들었는데, 정말 부드러우세요. 원래 그랬나요?"

"얘가 작년 이맘때부터 갑자기 달라졌어. 나도 신기하게 생각한단다."

"작년 여름부터요?"

아내가 깜짝 놀랐다. 1년 전 여름, 우리 부부는 여름 수련회를 진행했는데, 수련회에서 아내는 중보기도를 가르쳤다. 강의를 준비하면서 아내는 더 간절히 우리 가정의 회복을 위해 기도했다. 놀랍게도 형이 달라진 시기와 일치했다.

아내는 가정 회복을 위해 기도를 계속하자고 내게 권했다. 동생 부부에게도 포기하지 말고 다시 한번 기도에 집중하자고 했다. 어머니도 구체적인 제목으로 기도했다. 어머니의 기도제목은 온 가족이 함께 '가정예배'를 드리는 것이었다.

다른 것은 몰라도 형이 가정예배는 허락하지 않을 것이라고 생각했다. 형의 태도가 아무리 부드러워졌어도 기독교에 대한 거부감은 여전했다. 퇴원 후에 어머니가 집에서 찬송을 부르는 것도 좋아하지 않았다. 어머니가 찬양을 듣고 싶어 해서 우리가 찬양 테이프와 작은 오디오 플레이어를 사드렸지만 어머니는 그것을 만져보기만 했다. 몸이 아픈 와중에도 형이 싫어할까 봐 조심했다.

어머니는 더 살고 싶어 했다. 두 아들이 함께 밥 먹는 모습만 봐도 행복하다며, 사이좋게 지내는 모습을 조금 더 보고 싶다며 암이 없어지기만 한다면 몇 번이고 항암 치료를 받겠다고 했다.

어머니는 항암 주사를 맞고 통증이 심한 날에는 구토하면서 방바닥을 뒹굴었다. 모든 뼈들이 바늘처럼 뾰쪽 서고, 그것이 잘게 쪼개져 나가는 것 같은 통증이라고 했다. 몸도 가누지 못할 만큼 극심한 통증으로 숨을 제대로 쉬지 못하면서도 다음 번 병원에 가는 날짜를 챙겼다.

그렇게 아파하면서도 "너희들이 화해해서 기쁘다"라는 말씀을 계속했다. 나는 어머니에게 정말 미안했다. 형제의 불화가 어머니에게 그렇게 큰 짐이었는지 몰랐다.

시간이 지날수록 어머니의 몸은 급격히 쇠약해졌다. 몸 전체로 시커멓게 번져나가는 암 세포가 주는 통증과 점점 강도가 높아지는 약물이 주는 고통을 버텨내기란 쉽지 않았다.

아내가 어머니에게 구원의 확신을 물었다. 어머니는 하나님이 계신 것과 천국이 있는 것을 확실히 믿는다고 했다. 그리고 호스피스를 알아봐달라며, 현실을 인정하고 받아들여야 할 때라고 우리를 설득했다. 2개월만 더 살 수 있다면 남은 가족을 위해 기도하다가 하나님 품으로 가고 싶다고 했다.

나는 어머니가 항암 치료를 더 받아야 할지, 호스피스로 가야 할지 형과 의논했다. 그리고 어머니의 상태를 검사한 영상 자료를 평소에 가깝게 지내던 전문의 두 명에게 보여주었다. 내가 신뢰하는 의사였고, 신실한 그리스도인이었다. 그들은 어머니의 마지막 행복을 지켜주면서 삶을 마무리하도록 도와드리는 것이 좋겠다고 조심스럽게 권했다.

그때부터 나는 완치를 구하는 '간구 기도'를 내려놓고 하나님의 뜻을 묻는 '듣는 기도'를 했다. 며칠 동안 성경을 읽으면서 기도했고, 결국 어머니를 용인 샘물 호스피스로 옮겼다.

형의 변화

호스피스는 말기 암 환자처럼 죽음을 앞둔 중증 환자의 편안한 임종을 도와주는 곳이다. 치료가 목적이 아니기에 통증 조절을 위한 진통제를 적극 사용한다. 통증이 줄어들자 어머니는 날마다 아침 예배에 참석했다. 그리고 그날의 설교 내용을 우리에게 들려주며 행복해했다.

"죽음은 끝이 아니고 천국으로 이사 가는 것이니 너무 슬퍼하지 마라. 호스피스에 오기를 정말 잘했어. 남아있는 모든 순간을 소중하게 살고 싶구나."

어머니는 병원 주위의 산책로를 유난히 좋아했다. 하늘과 산이 신비롭고 아름답다며 나무와 꽃과 작은 돌멩이까지 사랑했고, 언덕에 옹기종기 동그랗게 모여있는 무덤조차도 예뻐 보인다고 했다. 생애 최고의 휴가를 보내는 것 같다면서 호스피스 생활을 즐거워했다. 또 다른 병실의 환우들과 친구가 되었다. 자원봉사자들은 하늘에서 내려온 천사가 분명하다면서 형에게 그들을 소개하기도 했다.

어머니는 가족과 친척 모두에게 마지막 사랑을 담은 편지를 한 통씩 남겼다. 마지막으로 표현할 수 있는 사랑이라며 정성껏 편지를 썼다. 호스피스에 있는 동안 어머니는 그 무엇보다 기도와 찬양을 가장 많이 했다. 가족을 위한 기도를 멈추지 않았다. 그리고 성탄절 아침 예배를 마치고 소천했다.

우리 가족은 호스피스 병실에서 임종예배를 드렸고, 장례식장에서는 입관예배, 위로예배, 발인예배를 드렸다. 그렇지만 어머니가 돌아가시기 직전까지 간절히 소원하던 '가정예배'는 드리지 못했다. 예배 시간만 되면 형이 자리를 피했기 때문이다.

형은 지인들이 문상을 오자 나를 인사시켰다. 내가 한 번도 만나지 못했던 그들은 한결같이 형의 변화에 대해 말했다. 얼마 전부터 형이 내 이야기를 많이 하기 시작했다고. 선교사로서 좋은 일을 하는 동생을 자랑스러워한다고 했다. 또 다른 형의 친구가 하는 말이 들렸다.

"야! 그런데 동생 이야기를 전에는 하지 않았잖아. 언제부터 가족 이야기를 했지? 1년 전인가 2년 전부터 부쩍 했던 것 같은데…."

나는 문상객이 없는 한밤중에 잠시 아내와 병원 주위를 걸었다. 아내가 말했다.

"어머니의 소천은 슬프지만 당신과 아주버님의 화목한 모습을 보아서 좋아."

내가 말했다.

"내 잘못을 깨닫고 회개하니까 새로운 변화가 일어나네. 용서 백 번보다 회개 한 번이 더 효과적인 것 같아."

농담처럼 말했지만 진심이었다. 그리고 얼마 전부터 형이 부드러워지고, 가족 이야기를 하기 시작했다는 말을 아내에게도 전해주었다. 아내가 깜짝 놀랐다.

"2년 전이면 아주버님을 위해 감사 기도를 시작한 때인데…."

기도는 죽지 않는다

장례를 마치고 집에 와서 어머니의 편지를 읽었다. 우리 부부와 세 아이에게 사랑을 담아 쓴 보석 같은 편지였다. 아내에게는 가족을 위해 기도해줘서 고맙다고 했다. 우리의 기도가 가정을 새롭게 했다면서 고맙다는 글을 마지막에 또 한 번 썼다. 나는 어머니가 형에게는 어떤 편지를 썼을지 궁금했다.

그런데 편지를 다 읽은 후, 아내가 어두운 표정으로 말했다. 형이 어머니의 삼우제 준비를 부탁했다고. 형은 독신이어서 제사 음식을 준비할 사람이 마땅치 않았다. 그렇다고 친척들에게 부탁하기도 싫어했다.

나는 선교단체 사역 리더인 우리가 제사를 준비해야 한다는 말을 듣고, 눈앞이 캄캄해지며 심장이 쿵쿵 뛰었다.

'어머니는 예수님을 믿고 천국에 가셨는데 제사라니….'

나는 말도 안 된다며 거절하고 싶었다. 순간, 제사 문제로 형과 싸우던 때가 떠올랐다. 삼우제를 거절하면 또 관계가 깨질 것이 뻔했다. 그렇다고 제사를 할 수도 없었다. 아내도 매우 힘들어하면서 종일 기도했다.

다음 날, 아침 일찍부터 아내가 부엌에서 음식 준비를 했다.

"여보! 장례 끝나고 피곤할 텐데 좀 쉬어."

"안 돼. 지금 제사 준비를 하고 있어."

"뭐라고? 당신이 무슨 제사 준비를 해. 절대 안 돼."

"그러면 어떻게 해? 아주버님 말씀을 안 들으면 어떻게 되는 줄 알아? 이제야 조금 좋아졌는데 가족 관계가 다시 깨질 거야."

"그래도 그렇지, 무슨 제사야…. 우리가 어떻게 제사를 해?"

"여보! 내가 어제 기도했는데 하나님이 평강을 주셨어."

나는 도무지 이해할 수 없었다. 평강을 주셨다는 하나님도, 종일 기도하더니 제사 준비한다고 아침 일찍 일어난 아내도 이해되지 않았다. 아내는 어렸을 때 1년에 열두 번 제사를 지냈다면서 제사 음식을 잘 안다는 농담까지 했다. 준비를 마치고는 음식을 싸더니, 집에 있는 성경과 찬송을 모두 꺼내서 가방에 넣었다. 내가 제사 음식과 성경, 찬송은 어울리지 않는다고 했더니 아내가 빙그레 웃었다.

　형의 집에 도착해보니 일가친척이 모두 모여있었다. 아내는 제사음식을 부엌 한쪽에 내려놓았다. 형이 삼우제를 하기 전에 어머니가 남긴 비디오를 보자고 말했다. 그때까지 우리는 어머니가 형에게 영상 편지를 남긴 것을 몰랐다.

　어머니가 호스피스에 있을 때, 호스피스 생활을 소개하는 영상이 제작되었다. 그 영상물에 어머니가 출연한 것은 알고 있었다. 그런데 어머니가 원본 테이프를 형에게 남겨달라고 제작 책임자에게 특별히 부탁했다고 한다. 형은 장례식이 끝날 무렵에 비디오를 전달받았다며 함께 보자고 했다.

　TV 화면에 호스피스를 소개하는 영상이 나왔다. 2개월 동안 어머니가 살았던 낯익은 건물과 어머니가 웃으면서 산책하는 모습도 나왔다. 그곳 생활을 안내하는 여러 장면에 어머니가 주인공처럼 등장했다. 영상이 끝나자 이어서 또 하나의 영상이 나왔다. 편집 이전의 원본이었다. 거기엔 어머니가 촬영 기사와 자연스럽게 대화하는 모습이 담겨있었다. 마지막 소원이 무엇이냐는 기사의 질문에 어머니가 대답했다.

"내가 오랫동안 기도하는 것이 있어요. 나는 이것이 유언이라고 생각해요. 우리 큰아들이 예수님을 믿는 것과 온 가족이 가정예배를 드리는 것이 제 소원입니다."

그러고는 영상이 끝났다. 교회에 다니지 않는 형의 눈치를 보면서 찬송가도 틀지 않던 어머니였다. 마지막 유언을 들으며 모두가 숙연해졌다. 그때 아내가 성경책과 찬송가를 나눠주며 말했다.

"어머님의 유언이니 함께 가정예배를 드리면 어떨까요?"

모든 친척들이 적극 찬성했다. 형도 반대하지 않았다. 대부분 교회를 다니지 않는 친척들임에도 함께 찬송가를 부르고 성경을 읽었다. 여동생의 남편이 간단하게 설교하고, 주기도문으로 예배를 마쳤다.

형이 배고프다면서 제수씨가 준비한 점심을 먹자고 했다. 삼우제로 모인 것을 잊은 것이었다. 아내가 준비한 음식을 먹으면서 우리는 각자 어머니께 받은 편지 내용을 이야기하며 어머니에 관한 추억을 나누었다. 우리가 드린 첫 가정예배였다.

따뜻한 대화가 이어졌다. 친척 중 한 분이 장례식을 도와주는 사람들을 보면서 '기독교인은 좋은 사람'이라는 인식을 갖게 되었다고 했다. 우리 부부와 함께 사역하던 예수전도단 간사들이 성실하게 섬기는 모습도 좋았다고 했다. 정성을 다해 조문객을 접대하고 한 가족처럼 우리를 도와주던 그들이 천사 같았다는 분도 있었다.

또 호스피스에서 섬기던 자원봉사자에 대한 칭찬도 했다. 어머니를 보려고 방문할 때마다 그들의 밝은 표정과 친절한 행동에 감동을 받았다며 다음 주부터 교회에 다니겠다는 친척도 있었다. 형은 그 모든 말에 적절하게 반응하면서 조용히 듣고 있었다.

나는 돌아오는 차 안에서 아내에게 고마움을 전했다.

"당신이 제사 음식을 준비할 줄은 몰랐어."

"음식을 준비하면서 제사에 쓰이지 않게 해달라고 간절히 기도했어."

집에 돌아와서 잠을 자려는데 아내가 내 손을 잡으며 말했다.

"하나님, 정말 대단하시지!"

"뭐가?"

"처음으로 가정예배를 드렸어."

"그러게."

"어머니의 오랜 기도가 돌아가신 지 3일 만에 응답되었어."

"그러네."

"사람은 죽어도 기도는 죽지 않는다는 것을 알았어. 어머니는 돌아가셨지만 어머니의 기도는 살아서 응답되었잖아."

chapter 2

기도는 응답된다

소망의 그림을 그리다

"가족을 위해 기도하나 보군요."

"가족을 위해 기도하려고 하는데 잘 안 되네요. 기도할 것이 많은
데 걱정만 되고요."

"화목한 가족 같은데, 무슨 일이 있나요?"

내 저널노트에서 우리 가족사진을 발견한 DTS 간사님이 물었다.
그의 말을 듣고 보니 사진 속의 우리 가족이 모두 웃고 있었다. 행
복해 보였다. 그러나 사진 밖의 현실은 달랐다.

결혼한 사람은 부부 관계가 힘들었고, 다른 형제는 경제적 어려
움이 컸다. 동생들은 진로 때문에 고민이 많았다. 나도 DTS 훈련
이후의 삶이 막막했다. 더구나 엄마는 지병이 여전했고, 아버지는
직장에서 극심한 스트레스를 받고 있었다.

당시 나는 휴학생이었다. 조국의 민주화를 외치며 삶을 불사르다가 갑자기 길을 잃었다. 더 이상 앞으로 나갈 수 없는 낭떠러지 앞에서 휴학을 했다. 길을 찾기 위해 미친 듯이 책을 읽다가 DTS 훈련을 받으러 왔지만 방향을 찾지 못했다.

그럼에도 가족에 대한 현실적인 걱정을 외면할 수가 없어 사진을 보며 한숨만 쉬었다. 소그룹 간사님에게 우리 가정의 사정을 대충 말하고 조심스레 물었다.

"어렸을 때와 달리 지금은 가족을 위해 어떻게 기도해야 할지 잘 모르겠어요. 믿음이 없어진 것인지, 너무 현실적이 된 것인지도 모르겠고요."

"그렇군요. 가족 구원과 가정 회복을 위한 효과적인 기도 방법을 알려줄게요."

간사님의 말에 귀가 솔깃했다. 효과적인 기도 방법이 있다니!

"자매님이 가족을 향해 가장 바라는 것은 무엇인가요?"

"가족이 다 같이 둘러앉아 가정예배를 드리는 모습입니다."

순간, 도저히 바랄 수 없는 소원을 털어놓았다는 생각이 들었다. 가정예배를 드리려면 우리 가족이 모두 예수님을 믿는다는 전제가 있어야 하고, 삶의 많은 문제와 단계를 뛰어넘어야 하기에 오랜 시간이 필요할 텐데….

이것을 알면서도 이성적으로 판단하기보다 맹목적 신앙인의 모습을 보인 것 같아 민망했다. 하지만 간사님은 그런 내 마음을 아는지 모르는지 목소리에 힘을 주어 말했다.

"가족이 다 같이 가정예배를 드리는 모습을 마음속으로 그려보세요. 지금은 상상의 그림이지만 언젠가 실상이 되게 해달라고 기도하는 것입니다. 이 기도 방법은 이루어진 것을 미리 보면서 기도하기 때문에 지치지 않고 끝까지 기도할 힘을 준답니다."

그러면서 성경 말씀을 함께 읽자고 했다.

믿음은 바라는 것들의 실상이요 히 11:1

그날부터 간사님의 조언에 용기를 얻어 배운 대로 기도했다. 우리 가족이 다 같이 가정예배를 드리는 '소망의 그림'을 마음속으로 그렸다.

'온 가족이 방에 빙 둘러앉는다. 모두 표정이 밝고 환하다. 함께 성경을 읽고 찬송을 힘차게 부른다. 물론 아버지도 함께 부른다. 어린 조카들도 따라한다. 누군가 대표 기도를 하고, 모든 가족이 아멘으로 화답한다.'

상상만 해도 마음이 벅찼다. 그래서인지 기도할 때마다 새로운 힘이 났다. 이 소망의 그림을 기도 노트에 그려놓았다.

어느 날, 가족을 위한 기도를 잘하고 있냐고 간사님이 물었다. 좋은 방법을 가르쳐준 덕분에 잘하고 있다고 대답했다. 그러자 간사님이 또 한 가지 중요한 방법을 알려주었다.

전에 응답받은 기도를 기억하면서 기도하라고 했다. 과거의 응답을 기억하면 오늘의 기도가 더 잘된다고 말했다. 나는 가족을 위해 기도하면서 응답받은 것을 생각해보았다. 그러고 보니 어렸을 때는 응답받은 기도가 많았다. 그 중에 세 가지를 기도 노트에 적었다.

나도 교회 가고 싶어요!

다섯 살, 어린 나는 며칠 전부터 일찍 일어났다. 아침을 먹고 수저를 놓자마자 뒷동산으로 쏜살같이 달음질쳤다. 여름방학을 맞이한 동네 언니들과 놀기 위해서였다. 치마를 나풀거리며 벌써부터 잡기놀이를 하는 언니들 틈으로 뛰어들었다.

풀밭을 이리저리 나비처럼 날아다니며 깔깔거리는 여자아이들 웃음소리가 산등성이에 울려 퍼졌다. 오빠들과 놀 때는 오빠가 따서 모은 딱지를 잠시 들고 있거나 구슬 몇 알을 내 주머니에 잠깐 보관해주는 일이 내 놀이의 전부였다.

그러나 동네 언니들과 놀 때는 달랐다. 목화밭에서 솜꽃이 팡팡 터지는 것 같은 즐거움이 내 안에서 쉴 새 없이 피어났다. 잡기 놀이가 끝나자 숨바꼭질을 했다. 나는 옆집 언니를 따라 커다란 바위 뒤에 얼른 몸을 숨겼다. 헐떡이는 숨을 참느라 한동안 입을 꼭 다물었다. 그때 언니가 혼잣말을 했다.

"이제 그만 놀고 가야 하는데…."

그러더니 바위 밖으로 나가면서 소리쳤다.

"얘들아, 그만 놀자. 여름성경학교에 갈 시간이야."

숨바꼭질이 다 끝나지도 않았는데 갑자기 "우리는 교회 간다"라고 하면서 언니들이 썰물처럼 동산을 빠져나갔다. 아주 먼 동네로 가야 하기에 어린 나를 데리고 갈 수 없다고 했다.

저만치 언덕을 지나 신작로를 향해 내달리는 언니들의 뒷모습을 한참 바라보다가 나는 혼잣말을 했다.

"나도 교회라는 곳에 가고 싶은데…."

얼마 후, 동산 바로 그 자리에 누군가 집을 지었다. 아담한 벽돌집이 예뻤다. 그 집의 방 한 칸에서 우리 동네 교회가 시작되었다. 나는 그때부터 그토록 소원하던 교회를 다니게 되었다.

엄마도 교회 다니게 해주세요!

마을에 교회가 세워진 다음에 나는 엄마가 교회에 다니게 해달라고 기도했다. 엄마는 호흡기 질환이 심해서 여름이 되면 입원과 퇴원을 반복했다. 숨이 차서 자리에 눕지도 못하고 마루 끝에 앉아서 가쁜 숨을 몰아쉬며 밤을 지새웠다.

엄마의 들숨이 길게 이어지다 멈출라치면 옆에서 지켜보는 내 심장마저 오그라들었다.

'하나님, 우리 엄마를 살려주세요!'

그렇게 밤새 기도하며 엄마를 지켰다.

어린 시절, 나는 교회에서 드리는 모든 예배에 참석했다. 밤 예배도 빠지지 않았다. 아픈 엄마를 위해 하나님께 기도하기 위해서, 또 엄마도 교회에 다니게 해달라고 기도하기 위해서였다. 엄마가 교회에 와서 하나님께 기도하면 병이 다 나을 것 같았다.

그런데 엄마는 교회에 다니지 않았다. 교회가 아닌 장독대에서 물을 떠놓고 빌었다. 가족들의 생일이 되면 떡을 해놓고 손을 비비면서 빌었다. 집으로 무당을 불러 굿도 했다. 그리고 1년에 열두 번이나 되는 집안 제사를 매우 정성스럽게 지냈다. 나는 그런 모습을 볼 때마다 엄마가 하나님께 기도하는 사람이 되게 해달라고 간절히 소원했다.

우리 집과 달리 윗집은 가족이 다 같이 교회에 다녔다. 먼 동네에서 시집 온 윗집 아주머니가 동네의 첫 그리스도인인 것을 나중에 알았다. 그 분으로 인해 우리 마을에 교회가 생겼다는 것도 알게 되었다. 아주머니가 우리 가족을 위해 기도한 첫 열매가 바로 나였다. 그렇게 나는 우리 가정에 복음의 씨앗이 되었다.

아주머니는 우리 가족을 위한 기도를 멈추지 않았다. 특히 우리 엄마의 구원을 위해 끊임없이 기도했다. 그리고 가끔 우리 집을 방문해서 복음을 전했다. 하지만 엄마는 그 분이 가고 나면 불평을 했다.

"자기나 잘 믿지, 왜 남에게 종교를 강요하는지 모르겠네."

그럴 때마다 나는 속으로 빌었다. 제발 그 분이 엄마를 포기하지 말고 다시 와주기를.

엄마가 주님이 아닌 다른 많은 것을 의지하는 동안 숨 쉬기 힘든 고통스런 여름밤은 계속되었다. 그러던 어느 해 여름, 엄마가 그 아주머니를 따라 기도원에 다녀왔다. 엄마는 그곳에서 예수님을 확실하게 만났다. 그리고 집안사람들의 반대와 핍박에도 불구하고 집안 문화를 바꾸어나갔다. 열두 번의 제사를 한 번으로 통합했다. 얼마 후에는 그마저도 추도 예배로 바꾸었다.

아버지 월급에서 십일조를 떼어 꼬박꼬박 교회 헌금함에 넣었다. 그뿐만이 아니라 전도도 하기 시작했다. 이웃 사람들에게 맛있는 음식을 대접하면서 복음을 전했다. 나는 엄마가 어떻게 전도하는지 지켜보았다.

"예수님 믿으세요."

"예수님 믿으면 뭐가 좋은데요?"

"일단 귀신이 안 무서워요."

나는 그 대답을 듣고 엄마가 이해되었다. 그동안 엄마는 귀신이 무서워서 물을 떠놓고 빌고, 떡을 해놓고 빌고, 음식을 차려놓고 빌었던 것이다. 그런데 예수님을 믿고 보니 더 이상 귀신이 무섭지 않게 된 것이었다.

그래서 엄마가 더 이상 굿을 안 하고 과감하게 제사를 폐지할 수 있었음을 알았다. 또한 예수님이 사단의 머리를 발로 밟고 승리하셨다는 사실을 알기에 엄마는 담대히 전도할 수 있었다.

뿐만 아니라 엄마는 예수님의 이름을 의지해서 새벽마다 기도하는 신실한 성도가 되었다. 나는 엄마를 위해 끝까지 전도하고 중보기도를 해준 아주머니께 평생 감사를 드린다. 엄마의 구원을 위해 홀로 고군분투하며 기도했던 어린 내게 그 분은 큰 지원군이었다.

엄마를 살려주세요!

나는 도시에 있는 고등학교에 진학했지만 고향에 아픈 엄마를 두고 온 것이 늘 불안했다. 가끔 자취하는 집의 주인아주머니가 시골집에서 전화가 왔다고 부르면 가슴이 철렁했다.

'혹시 엄마가 많이 아픈가? 병원에 입원한 건 아닌가? 아니면….'

집을 떠나있는 동안 엄마가 죽는 꿈을 자주 꾸었다. 그럴 때면 엉엉 울며 몸부림치다 깨어나곤 했다.

'아, 꿈이었구나!'

안도하며 잠시 가슴을 쓸어내렸지만 다시 잠들지 못하고 방바닥에 엎드려 주님을 불렀다.

'주님, 엄마를 지켜주세요. 엄마를 살려주세요.'

예수를 믿은 후에도 엄마의 병은 낫지 않았다. 그토록 기도를 했건만 응답되지 않는 것 같았다. 그러던 중에 놀라운 일이 일어났다. 엄마에게 딱 맞는 약이 개발된 것이다. 숨이 가빠질 때마다 쉽게 가라앉게 하는 고마운 약이었다. 엄마는 그 약 덕분에 병원에 입원하지 않아도 되었다.

여름방학을 맞아 엄마를 보러 집에 갔을 때였다. 대문을 들어서자마자 맛있는 음식 냄새가 진동했다. 엄마는 내가 집에 도착하는 시간에 맞춰 내가 제일 좋아하는 애호박 생선조림과 호박잎쌈을 준비해놓았다. 마파람에 게 눈 감추듯 밥을 먹어치운 내 앞에 엄마는 기다렸다는 듯이 옥수수를 내밀었다.

"흠, 향긋한 이 냄새!"

나는 옥수수 바구니를 끌어안았다.

"엄마가 삶아준 옥수수는 이렇게 향기로운데 도시 옥수수는 왜 아무 향도 없는지 모르겠어."

"텃밭에서 금방 따서 삶은 옥수수라 그렇지."

옥수수를 맛있게 먹는 나를 보며 엄마가 말했다.

"그동안 내 건강을 위해 기도해줘서 고맙구나. 그 덕분에 좋은 약이 개발된 것 같아. 이제 엄마 걱정하지 말고 너도 객지에서 항상 밥 잘 챙겨먹고 몸조심하거라."

나는 엄마의 병이 없어지는 것이 기도 응답이라고 생각했었다. 그런데 약이 개발되어 걱정 없이 사는 것도 응답이었다.

기도를 공부하다

이미 받은 기도 응답을 떠올리다 보니 앞으로 하는 기도들도 응답될 거라는 믿음이 생겼다. 또한 가정예배에 대한 소망의 그림이 응답될 거라는 확신이 더 들었다. 그렇게 가족을 위한 기도를 다시금 쌓기 시작했다.

DTS에 있는 몇 달 동안에 가족 기도를 다시 해서 행복하고 좋았다. 소망의 그림이 아직 이루어지지 않았지만 기도하는 그 자체로 힘이 되었다.

나는 DTS를 마치고 복학했다. 졸업할 때가 되어 진로를 결정해야 했다. 그런데 가족들이 기대하는 진로와 내 앞에 펼쳐지는 삶이 크게 달랐다. 아버지와 오빠들은 내가 취업해서 가정을 돕기를 기대했다. 하지만 나는 어렸을 때부터 복음을 전하는 전임 사역자의 삶을 꿈꾸며 준비했다.

가정 형편을 알지만 나를 향한 분명한 소명을 부정할 수 없었다. 가정을 재정적으로 돕지 못한다는 마음의 큰 짐을 짊어지고 선교단체의 간사가 되었다. 그리고 서해안의 작은 섬에서 복음을 전하는 간사와 결혼했다.

결혼한 이후에도 가족을 위한 기도는 계속했다. 오히려 더 간절히 기도했다. 기도하면 하나님이 응답하신다는 믿음과 기도로 가족을 섬기는 영적 제사장의 삶을 산다는 확신도 있었다.

그러나 명절에 집에만 다녀오면 마음이 무너졌다. 가족의 어려움을 알면서도 경제적으로 돕지 못하는 것이 서글펐다. 소망의 그림은 선명했지만 내 마음은 흔들렸다. 기도하면 하나님의 축복이 임해서 결국 가족이 모두 잘되리라고 믿었지만, 응답의 날까지 계속 기도하려면 또 다른 힘이 필요했다.

그래서 기도를 공부했다. 성경을 읽고, 여러 책을 참고하면서 기도가 무엇인지, 왜 기도하며 어떻게 기도해야 하는지를 말을 처음 배우는 어린아이처럼 새롭게 배워갔다. 그러자 하나님께서 내게 딱 맞는 방법으로 알려주셨다. 나는 "성도의 기도가 향기"라는 말씀을 발견했다.

그 두루마리를 취하시매
네 생물과 이십사 장로들이
그 어린양 앞에 엎드려
각각 거문고와 향이 가득한 금 대접을 가졌으니
이 향은 성도의 기도들이라 계 5:8

또 다른 천사가 와서 제단 곁에 서서
금 향로를 가지고 많은 향을 받았으니
이는 모든 성도의 기도와 합하여
보좌 앞 금 제단에 드리고자 함이라
향연이 성도의 기도와 함께 천사의 손으로부터
하나님 앞으로 올라가는지라
천사가 향로를 가지고 제단의 불을 담아다가 땅에 쏟으매
우레와 음성과 번개와 지진이 나더라 계 8:3-5

이 땅에서 드리는 성도의 기도는 향기다. 우리의 기도는 향기가 되어 하늘에 있는 금 대접에 담긴다. 향로에 향기가 다 채워지면 부어지듯이 기도 분량이 다 차면 땅으로 부어진다. 그것이 기도 응답이다. 따라서 다 채워질 때까지 기도하면 반드시 응답된다.

이런 깨달음은 내게 말할 수 없는 소망을 주었다. 나는 응답의 기억을 붙들고, 소망의 그림을 그리는 가족 기도 시간에 또 하나를 추가했다. 향로가 채워지는 모습을 상상하는 것이었다.

'아버지의 구원을 위한 내 기도 향기는 어디까지 채워졌을까? 가정예배를 위한 기도 향기는 이제 곧 채워지겠지? 조카들이 모두 예수님의 사랑 안에서 자라도록 기도한 것은 이미 채워졌어.'

나는 토요일 오전에는 반드시 가족을 위해 기도했다.

향로를 빨리 채우고 싶으면 함께 기도하라

가족 기도를 다시 하면서 연합 기도의 능력을 알게 되었다. 기도에도 분량이 있다면 연합 기도는 얼마나 큰 힘이 되겠는가! 한 가지 기도제목으로 한 사람이 한 시간 기도하는 것보다 두 사람이 한 시간 기도하면 기도의 향기가 두 배로 쌓인다. 세 사람이 연합하면 같은 시간에 세 배로 쌓인다. 많은 사람이 합심해서 기도하면 응답이 그만큼 빨라진다.

기도 향로가 큰 경우에는 함께 기도하면 훨씬 더 빨리 채울 수 있다. 기도 향로를 빨리 채우는 가장 효과적인 방법이다.

나는 우리 가족이 모두 모여서 예배하는 소망의 그림을 그리면서 누구와 연합해서 기도하면 좋을지 주위를 둘러보았다. 먼 친척 중에 한 사람이 있었다. 그가 우리 가족을 위해 기도하고 있다는 말을 듣고 큰 힘이 되었다. 그러나 거리가 너무 멀어서 자주 만날 수가 없었다.

시간이 점점 흘러 가족을 위해 혼자 기도하는 것이 벅차고 지칠 무렵에 마침내 여동생이 신실한 그리스도인이 되었다. 나는 소망의 그림 그리기와 기도 향로의 원리를 동생에게 알려주고 가족 복음화를 위해 함께 기도하자고 청했다.

동생도 온 가족이 가정예배를 드리는 모습을 소망했다. 우리는 함께 기도했다. 그래도 가정예배는 쉽게 이뤄지지 않았다. 그렇게 오랜 세월이 흘렀다.

우리 형제들이 모두 결혼해서 가정을 이루었고, 조카들도 태어났다. 그들이 한 명씩 그리스도인이 되었고, 가족을 위해 함께 기도하는 연합군이 되었다. 특히 내게는 남편이 신실한 기도 동역자로서 큰 힘이 되었다. 배우자와 서로의 가족을 위해 기도하는 일이 결혼생활의 축복임을 알게 되었다.

기도를 멈추었다면 다시 시작하라

성도의 기도는 하늘에 있는 향로에 담긴다. 한 번 쌓인 기도 향기는 없어지지 않는다. 비록 다 채워지지 않아서 응답이 되지 않아도 그때까지 쌓인 향기가 사라지지 않는다. 같은 내용으로 이어서 기도하면 이전에 기도했던 것 위에 다시 쌓이기 시작한다.

주 예수를 믿으라
그리하면 너와 네 집이 구원을 받으리라 행 16:31

이 약속의 말씀을 붙들고 어릴 때부터 가족 구원을 바라며 기도했다. 그런데 청년 시절에 가족 기도를 멈추었고, 살아오면서 마음이 상할 때도 잠시 기도가 나오지 않았다.

그러나 소망의 하나님이 힘을 주셨다. 이전의 기도가 사라지지 않았음을 믿고 다시 기도했다. 향로의 바닥에서 시작하는 것보다 중간에서 다시 출발하면 응답이 그만큼 빨라진다.

요즘 중보기도 강의를 하면서 예전의 나처럼 가족을 위해 기도하다가 멈춘 사람을 많이 만난다. 그 중에는 응답이 없어서 낙심한 사람도 있다. 어떤 이는 자신의 믿음이 떨어져서 멈추었다고 말한다. 기도하다가 지쳤다고 말하는 사람이 가장 많다.

그리스도인으로서 선한 마음으로 기도하는데, 그것을 알아주지 않고 악한 반응이 돌아오면 기도하기가 쉽지 않다. 그때는 상한 마음을 추스르면서 성령을 의지해서 다시 시작하면 된다.

그동안 쌓아놓은 것 위에 다시 쌓으면 된다. 기도에 분량이 있다면 언젠가 반드시 채워지고, 채워지면 반드시 부어진다. 그래서 성경은 "쉬지 말고 기도하라"(살전 5:17)라고 한다. 쉬지 말라는 것은 중간에 포기하지 말고 끝까지 기도하라는 뜻이다. 만약 쉬었다면 다시 기도하자. 응답을 보는 그날이 기도를 끝내는 날이다.

내가 가족 기도를 하는 동안 동생들이 주님께 돌아왔다. 뒤이어 엄마도 예수님을 믿고 교회를 섬기는 권사님이 되었다. 조카들이 할머니를 따라 교회에 다녔다. 예수 믿는 가족들이 점점 늘어났지만, 모든 가족이 함께 가정예배를 드리는 소망의 그림은 남아있었다.

하지만 나는 응답이 되지 않아도 실망하지 않았다. 계속 기도하다 보면 언젠가 향로가 채워지리라 믿었기 때문이다. 어떤 기도는 빨리 응답되고 어떤 기도는 더디 응답된다.

'엄마는 빨리 예수께 돌아왔는데 아버지는 왜 이리 더딜까?'

아버지를 위한 기도 향로가 커서 더 오랜 시간이 필요하다고 생각하니 실망 대신 의욕이 생겼다. 반드시 기도의 분량을 채우고 말리라 결심했다.

아버지의 구원을 위한 기도는 25년 만에 이루어졌다. 응답이 늦다고 포기하면 안 되는 이유를 알았다. 아버지를 위한 기도는 하나도 사라지지 않고 향로에 담기고 있었다. 포기하지 않았더니 결국 채워져서 부어졌다.

작은오빠를 위한 기도 향로도 아주 컸다. 오빠는 어린 시절에만 잠깐 교회에 다니다가 청소년기에 그만두었다. 그가 다시 신앙생활을 하기까지 오랜 시간이 걸렸다. 그동안 엄마와 나는 오빠의 구원을 위해 쉬지 않고 기도했다.

오빠는 의협심이 남달랐다. 도시에 살다가 고향 집에 오면 동네에서 소외된 사람들의 술친구가 되어주었다. 술값도 대신 내주고 그들의 하소연도 들어주었다. 억울한 일을 당했다고 호소하면 대신 싸워주기도 했다. 그들 대신 경찰서에 잡혀간 날도 있었다. 어떤 때는 이웃집에 들어온 도둑을 끝까지 추격해서 잡기도 했다.

그의 의협심과 의리는 거기서 끝나지 않았다. 주일에 엄마가 교회에 같이 가자고 하면 가지 않겠다고 버텼다. 가족들이 모두 교회 가는 시간에 아버지만 혼자 집에 있게 할 수 없다고 했다. 교회 안 나가는 아버지와 의리를 지키겠다며 때로 아버지 편에서 교회를 비판하기도 했다.

나와 우리 가족은 아버지와 오빠를 위해 더 많이, 더 오래 기도했다. 그 기도가 사라지지 않고 긴 세월 동안 쌓여서 결국 아버지와 오빠도 예수님을 믿게 되었다.

소망의 그림이 실상이 되다

가족 구원이 이루어져서 감사하고 있을 때 큰 위기가 생겼다. 오빠들은 교회는 다녔지만 술을 끊지 못했다. 그래서 명절에 모이면 술을 마시다가 싸우고, 술이 깨면 미안하다고 하고, 다시 술을 마시면 옛날 일로 상처를 자극하는 말을 했다.

나는 마음이 상해서 명절이 끝나자마자 집으로 돌아왔다. 다시는 가족 모임에 가고 싶지 않았다. 그 다음 해 추석을 앞두고는 친정에 가지 않으려고 했다. 아이들은 외가에 가지 않으려는 나를 이해하지 못했다. 지난번 모임에서 마음을 졸였던 시간이 떠올라 혼자 하나님 앞에 앉았다.

'하나님, 우리 집을 새롭게 해주세요.'

그때 한 가지 그림이 생각났다. 예전부터 그리고 있던 소망의 그림, 모두 모여서 가정예배를 드리는 모습이었다. 나는 가족 구원이 기도의 끝이 아님을 깨닫고 용기를 냈다. 그리고 가정예배를 드리는 날까지 기도를 멈추지 않겠다고 다시 다짐했다.

아직 향로의 빈 공간이 남아있었다. 기도의 동역자가 더 필요했다. 그때 아이들이 생각났다.

여호와 우리 주여

주의 이름이 온 땅에 어찌 그리 아름다운지요

주의 영광이 하늘을 덮었나이다

주의 대적으로 말미암아

어린아이들과 젖먹이들의 입으로 권능을 세우심이여

이는 원수들과 보복자들을

잠잠하게 하려 하심이니이다 시 8:1,2

우리 가정이 예배를 드릴 때 어둠을 밝히는 빛이 비치며 영적 어둠
이 물러가는 모습을 그려보았다. 나는 아이들에게 할머니 집에서 예
배를 드릴 수 있도록 기도하자고 했다. 또 어린 조카들에게도 부탁
했다.

"하나님은 어린아이들의 입으로 권능을 세우시는데, 너희들의 기
도가 필요하단다."

아이들은 모두 적극 동의했다. 나는 장로님이 된 큰오빠에게 가족
모임을 예배로 시작하자고 부탁했다. 오빠도 같은 생각이었다.

명절 아침에 일찍부터 서둘러 친정에 갔다. 엄마는 음식을 만들고
아버지는 집 안과 밖을 깨끗하게 치우고 있었다. 가족들이 한 명씩
도착할 때마다 부모님은 일손을 멈추고 뛰어나와 환영해주었다. 형
제들이 모두 도착하자 큰오빠 부부가 성경을 꺼내며 말했다.

"모두 고향에 오느라 수고했다. 이제부터 모두 모이면 제일 먼저
예배를 드리자. 교회에서도 예배를 드리겠지만 가족 전체의 가정예
배가 중요하다. 오늘은 새로운 문을 여는 역사적인 시간이다. 할렐
루야!"

30여 명이나 되는 대가족이 거실에 빙 둘러앉았다. 우리 아이들과 어린 조카들이 기다렸다는 듯이 제일 먼저 자리에 앉았다.

사철에 봄바람 불어 잇고 하나님 아버지 모셨으니
믿음의 반석도 든든하다 우리 집 즐거운 동산이라
고마워라 임마누엘 예수만 섬기는 우리 집
고마워라 임마누엘 복되고 즐거운 하루하루

찬송을 부르며 가정예배를 드리는데, 맞은편에 앉은 막냇동생과 내 눈이 마주쳤다. 우리는 둘 다 눈물을 흘리며 웃고 있었다. 오랜 세월 그토록 소망했던 그림을 그날 실제로 보게 되었다. 동생이 내게 아버지를 보라고 눈짓했다. 아버지가 제일 힘차게 찬송을 부르고 있었다. 동생이 두 팔을 높이 들고 환하게 웃으며 말했다.

"언니, 우리 기도가 드디어 응답되었어!"

PART 2

우리가 기도하면
하나님이 일하신다

기도로 문을 연다

뉴스와 바꾼 기도

"엄마! 내 말이 맞지요? 9시가 되면 할머니가 기도를 시작하신다고 말했잖아요?"

"그래, 어떻게 알았니?"

"내가 며칠 동안 봤어요. 할머니는 시간이 정확하세요."

"할머니가 기도하시니까 좋아?"

"네, 조금 있으면 내 이름을 부르면서 기도하세요. 이것도 틀림없어요."

막 시계 보는 법을 배운 다섯 살 아들은 말할 때마다 시간을 넣어 말하는 것을 좋아했다. 저녁 6시 15분에는 할아버지가 오토바이를 타고 퇴근하시고, 9시에는 할머니가 기도하신다고 했다.

당시 친정엄마는 말기 암 환자였다. 병원의 최초 진단은 살 수 있는 날이 2개월 정도라고 했다. 몇 번 항암치료를 받은 엄마는 중대한 결심을 했다. 얼마 남지 않은 날을 항암주사를 맞으며 고통 속에서 보내고 싶지 않다고. 대신 하나님 앞에서 마지막을 잘 살고 싶다고.

그래서 병원에서 나와 기도원으로 갔다. 엄마는 그곳에서 찬양과 기도로 예배하다가 죽는 것이 마지막을 잘 보내는 일임을 깨닫고, 집에 돌아와서 저녁 9시 예배를 시작했다.

엄마는 마루에 있는 괘종시계가 9시를 알리면 찬송가를 부르고 성경을 소리 내어 읽었다. 그리고 중보기도를 했다. 몸이 아파서 교회를 섬기지 못하니 대신 기도로 봉사하겠다며 교회와 성도들의 기도제목을 일일이 하나님께 아뢰었다.

그다음에는 교회에 나오지 않는 마을 사람들의 이름을 부르며 그들의 구원을 위해 간구했다. 마지막으로 30명이 넘는 우리 가족의 이름을 한 명씩 부르며 기도했다.

그렇게 하루도 빠짐없이 이 기도 시간을 지켰다. 갑자기 누가 찾아오거나 집에 일이 있어도 9시가 되면 찬양과 기도를 했다. 거실 한쪽에 놓인 등받이 의자는 엄마가 매일 하나님을 예배하는 장소였다. 그렇게 7년 동안 엄마의 중보기도가 계속되었다.

암세포가 골수까지 완전히 전이된 상태에서 엄마는 7년을 더 살았다. 그리고 사는 날 동안 하루도 거르지 않고 주님을 찬양했다. 엄마는 평소에 드라마보다 9시 뉴스를 더 즐겨 보았다. 그래서 매일 뉴스를 시청하던 시간을 기도 시간으로 바꾼 것은 엄마에게는 큰 의미가 있었다. 남은 생을 찬양하고 기도하며 살기로 작정한 뒤로 엄마의 9시는 습관적으로 주님을 예배하는 시간이 되었다. 그 시간이 되면 저절로 기도가 나온다고 했다. 습관이 되어서 기도가 잘된다는 엄마의 말을 들으며 나는 성경 한 구절을 떠올렸다.

습관을 따라 기도하라

예수께서 나가사 '습관'을 따라 감람 산에 가시매
제자들도 따라갔더니 눅 22:39, 개역개정

예수께서 나가서, '늘 하시던 대로' 올리브 산으로 가시니,
제자들도 그를 따라갔다 표준새번역

예수께서 예루살렘 밖으로 나가 '여느 때처럼' 올리브 산으로 가시자
제자들도 따라갔습니다 우리말성경

예수님도 습관을 따라 기도하셨다. 죽음을 앞둔 전날에도 여느 때처럼 늘 기도하던 곳인 감람 산에 가서 기도하셨다. 그래서 가룟 유다가 무리를 이끌고 예수님을 붙잡으러 왔을 때, 그는 예수님이

있는 곳을 정확히 알 수 있었다.

예수님은 늘 제자들에게 "나를 따르라"라고 말씀하셨다. 제자인 우리는 예수님을 믿는 사람이면서 동시에 그분을 따라가는 사람이다. 누군가를 따른다는 것은 닮아간다는 뜻이다. 우리는 예수님을 닮아야 한다.

예수님의 무엇을 닮아야 할까? 그리스도인이 예수님을 닮는 가장 중요한 일은 '습관을 따라 기도하는 것'이다. 하나님의 아들인 예수님이 사람으로 오셨다는 확실한 표시는 기도다. 그분은 기도하심으로 이 땅에서 우리가 어떻게 하나님과 동행하며 살 수 있는지 분명하게 보여주셨다. 습관을 따라 기도하신 예수님처럼 우리도 기도 습관을 가지고 있으면 예수님을 따르는 사람이 된다.

가족을 위한 기도가 습관이 되면 가정이 회복된다. 습관이 될 정도로 오랫동안 충분히 기도했기 때문이다. 기도의 향기가 향로에 충분하게 채워졌다는 뜻이다. 기도가 습관이 되려면 먼저 기도 장소를 정해야 한다.

기도 장소가 있는 것과 없는 것은 기도생활을 지속하는 데 있어서 큰 차이가 있다. 이불 속에 누워서 기도해도 되고, 길을 걸으며 기도해도 된다. 그러나 기도 습관은 일정한 곳에서 지속적으로 기도할 때 생긴다.

나는 장소를 정하고 기도하는 습관을 신혼 시절에 남편에게서 배웠다. 우리 부부가 전라남도 화순에서 대학생 DTS를 진행할 때였다. 학교는 훈련받는 학생과 간사로 늘 북적거렸다. 강의실은 많은 사람이 오가기 때문에 기도에 집중하기 어려웠고, 우리 방도 간사회의와 학교 진행 준비로 분주했다.

남편은 조용히 기도할 처소가 필요하다는 말을 자주 하더니, 학교가 내려다보이는 뒷산으로 올라갔다. 그리고 동산 중턱의 넓은 바위를 기도 장소로 정했다. 청년 시절에 서울 삼각 산에서 금요일마다 기도했을 때의 느낌이 난다며 좋아했다.

예수님의 기도생활을 닮아가기로 결심하면서 남편은 거처를 옮길 때마다 기도할 곳을 가장 먼저 찾았다고 했다. 군대에서는 보급품 창고가 최상의 기도 처소였다고 했다.

기도 장소의 중요성에 대해 남편은 강의도 했다. 바울과 실라가 빌립보 감옥에 갇힌 사도행전 16장을 통해 기도 장소를 강조하는 강의는 신선했다. 바울은 빌립보 감옥에서 "주 예수를 믿으라 그리하면 너와 네 집이 구원을 받으리라"라는 강력한 말씀을 선포했다. 바울과 실라가 감옥에 갇힌 이유는 고소를 당했기 때문이다.

귀신의 능력으로 점을 치던 노예 여자가 있었다. 그녀가 번 돈으로 주인들이 큰 이익을 얻고 있었는데 바울이 그 여자 안에 있는 악한 영을 쫓아냈다. 더 이상 돈을 벌 수 없게 된 주인들은 바울을 고발했다. 많은 무리들도 고발에 동조했다. 관원들은 바울과 실라를 잡아서 때리고 감옥에 가두었다. 그런데 놀랍게도 한밤중에 둘이 하나님을 찬양할 때 지진이 나면서 죄수들의 묶인 것이 다 풀어졌다.

이 사건이 기록된 사도행전 16장은 사람들이 가장 좋아하는 내용 중 하나다. 그런데 바울과 실라가 감옥에 들어간 배경에는 기도하는 장소와 관련이 있다.

바울은 아시아에서 전도하다가 성령의 강권하심으로 유럽 지역인 마케도니아로 건너갔다. 그 지방의 첫 성인 빌립보에 도착한 바울은 기도할 곳을 수소문했다(행 16:13). 그러는 중에 옷감 장사 루디아를 만났다. 바울을 통해 루디아의 가족은 모두 세례를 받고 그리스도인이 되었다(행 16:14,15).

루디아는 바울에게 자기 집을 숙소로 제공했다. 그런데 바울이 그 집에서 기도하는 곳으로 가는 도중에 귀신 들려서 점을 치는 여자를 만났다. 그 여자가 바울을 보고 따라와서 괴롭혔다. 이 일이 여러 날 반복되자, 바울이 그 여자에게서 귀신을 내어쫓았다.

여러 날, 같은 시간에 그 여자와 마주쳤다는 것은 바울에게 정해 놓고 기도하는 장소가 있었다는 뜻이다. 루디아의 집에서 기도해도 되었지만 바울은 정한 곳으로 가서 기도했다.

남편은 바울처럼 기도 장소를 정해놓고 기도하면 어떤 상황에서든지 성령의 힘으로 살게 된다고 강조했다. 특히 기도할 내용과 관계가 있는 현장에서 기도하는 것도 의미가 있다고 덧붙였다.

캠퍼스를 위해 기도할 때는 캠퍼스에서, 선교를 위한 기도는 선교 현장에 가서 기도하면 더 힘이 있다고 했다. 직장을 위한 기도는 일터에서, 가정의 회복을 위한 기도는 집에서 하는 것이 더 효과적이라고 했다. 남편의 강의를 통해 기도 장소의 중요성을 알게 된 나는 그때부터 방 한편에 기도처를 만들었다.

나만의 한적한 곳 찾기

깨어 구하기를 항상 힘쓰며 엡 6:18

바울은 에베소 교회에 보내는 편지에서 기도하기를 항상 힘쓰라고 말한다. 거듭 강조하지만 기도에 힘쓰는 방법은 기도 장소를 정하는 일부터 출발한다. 사단은 기도하는 사람을 가장 두려워한다.

우리가 기도하면 하나님이 일하시고 우리를 대신해서 그분이 싸우시기 때문이다. 그래서 우리가 기도하지 못하도록 사단은 늘 방해한다. 기도하려고 하면 할 일이 갑자기 생각나거나 느닷없이 외출할 이유가 생긴다. 그러면 '나중에 기도해야지' 하다가 결국 못하게 된다. 전화가 걸려오거나 예상치 못한 사람이 초인종을 누르기도 한다. 어떤 사람은 기도하면서 메모하려고 볼펜을 찾다가 기도를 잊어버리고 책상 정리만 했다고 한다.

여러 종류의 방해를 극복하며 기도에 항상 힘쓰려면 기도가 습관이 되게 해야 한다. 누구든지 특정한 장소를 정해놓고 일정한 시간에 기도하기를 되풀이하다 보면 습관이 된다. 습관을 따라 기도하면 기도를 방해하는 것을 넉넉히 이길 수 있다.

우리 가족 다섯 명이 아주 작은 집에서 살던 때가 있었다. 한창 성장기에 접어든 아이들은 좁은 공간에서 여기저기 부딪히는 일이 다반사였다. 그런데도 누구도 불평하지 않았다. 다만 내가 조금 불편했다. 왜냐면 기도할 곳이 없었기 때문이다.

아이들과 함께 성경을 공부하고 짧은 글짓기, 독서 지도, 미술 놀이 등 우리에게 맞는 내용으로 홈스쿨을 진행했다. 그런데 공부가 끝나는 오후에 마음껏 기도할 장소가 없었다.

예수는 물러가사 한적한 곳에서 기도하시니라 눅 5:16

예수님은 한적한 곳에서 기도하셨다. 습관을 따라 조용한 곳으로 가서 기도하셨다. 나는 이 말씀을 읽을 때마다 예수님이 부러웠다. 나도 한적한 곳에서 기도하고 싶었지만 아이들을 두고 멀리 떨어진 곳으로 갈 수는 없었다. 그래서 집에서 기도하려고 하면 많은 일거리가 보여서 집중하기가 어려웠다.

그즈음 감리교회 지도자인 요한 웨슬리의 어머니 수산나에 대한 책을 읽었다. 수산나는 19명의 자녀를 홈스쿨로 교육하면서도 기도에 힘쓰기 위해 행주치마를 뒤집어쓰고 기도했다고 한다. 그래서 나도 가벼운 이불 중 하나를 기도 담요로 정했다. 그것을 뒤집어쓰고 기도해보았다. 놀랍게도 아이들이 바로 옆에서 놀아도 기도 담요를 덮어쓰면 기도에 집중할 수 있었다.

그렇게 몇 달 동안 기도하다 보니 습관이 만들어졌다. 습관의 힘이 놀라웠다. 일단 기도 담요를 덮어쓰면 끝없이 이어지던 집안일이 보이지 않았다. 내 시선을 주님께 고정할 수 있었다. 나만의 한적한 기도 장소를 찾았다. 그렇게 기도하다가 1년쯤 지나자 더 좋은 방법을 찾게 되었다.

집 안에 빨래를 널 공간이 없어 옥상을 이용하던 어느 날, 빨래를 다 널고 옥상 꼭대기 계단에 앉아 잠시 쉬었다. 이런 일 저런 일을 생각하며 주님과 대화했다. 다음 날도 그 계단에 앉아 주님께 내 생활을 아뢰었다. 그렇게 며칠을 계속하다 보니 그곳이 내가 찾던 '한적한 장소'임을 깨달았다.

거기서는 누구에게도 방해받지 않고 주님께 기도할 수 있었다. 아이들도 내가 빨래를 널러 옥상에 갔다가 늦게 내려오면 기도하고 오는 줄 알았다. 가족과 사역을 위해 중보기도를 하면서 내 삶에 일어나는 모든 일에 감사드린 날도 있었고, 어떤 날은 너무 피곤하다고 호소하기도 했다.

또 다른 날에는 조용히 주님의 음성을 기다리기도 했다. 몇 달이 지나자 그 계단에 앉기만 해도 기도가 나왔다. 빨래를 널고 계단을 지나치면 주님의 음성이 들리는 것 같아 외면할 수가 없었다.

'현숙아, 잠깐 여기 앉아서 나랑 이야기하지 않을래?'

옥상 계단은 그렇게 하나님과 소소한 일상을 나누며 주님의 뜻을 묻고 기도하는 한적한 기도 장소가 되었다.

그 후 새로운 집으로 이사했다. 다섯 식구가 살기에 적당한 집이어서 모두 좋아했다. 나는 이삿짐을 풀자마자 제일 먼저 기도 장소를 찾았다. 햇빛이 잘 드는 베란다가 보였다. 베란다 한쪽에 내 보물 1호를 놓았다. 엄마가 사용하던 등받이 기도 의자였다.

엄마가 돌아가신 후에 유품으로 가져왔는데, 그 의자에 앉기만 하면 기도가 절로 나왔다. 나는 베란다 의자에 앉아 많은 사람을 위해 기도하고 또 가족의 이름을 부르면서 기도했다.

베란다가 추워지는 겨울이 되면 거실에서 기도했다. 물론 침대에 누워서 기도하거나 소파에 앉아서 기도해도 하나님은 들으신다. 그런데 요즘 나이가 들어서 그런지 눕거나 앉아서 기도하면 졸음이 와서 잠들기 일쑤다.

이불에서 나와 거실을 걸어 다니면서 기도하면 정신이 점점 맑아진다. 그래서 나는 이른 아침과 밤에 거실에서 왔다 갔다 거닐며 기도한다. 그러면 오래 기도할 수 있다. 내가 기도하려고 거실로 나가면 어떻게 알았는지 우리 집 고양이 샤비가 내 뒤를 따라다닌다. 우리 둘 다 습관이 되었다.

예수님처럼 우리도 한적한 기도 장소를 찾자. 가정의 회복을 위해 기도하는 사람이라면 당연히 집에 기도처를 만들어야 한다. 규칙적으로 집에서 기도하면 하나님의 영광이 임하는 거룩한 집이 된다.

가족을 위한 기도 장소 중에서 가장 좋은 곳은 식탁이다. 가족들이 일용할 양식으로 몸을 채우는 곳이며 정서를 채우는 대화의 장소이기도 하다. 그곳에서 영적 필요까지 채울 수 있다면 더할 나위가 없을 것이다.

맛있는 집밥과 함께 감사와 사랑의 대화가 오가는 행복한 가정을 원한다면 '식탁 기도'를 하면 된다. 식탁에 기도가 쌓이면 집안 분위기가 분명 따뜻해질 것이다.

식탁 기도 응답

가족을 위한 중보기도 세미나에서 만난 한 남자 집사님의 이야기이다. 그는 회사에서 퇴사 압박을 받고 있었다. 끝까지 버텨야 할지 스스로 그만두어야 할지 고민이 많았다. 친구에게 조언이라도 듣고 싶었지만 마땅한 사람이 없었다. 아무라도 붙들고 하소연을 하고 싶을 정도였다.

물론 이런 상황에서 기도해야 한다는 것은 알았지만, 어떻게 기도해야 할지 갈피를 잡을 수가 없었다. 그런데 다행히 기도하는 아내가 보였다. 아내는 다니는 교회가 멀어서 새벽기도를 집에서 했다. 잠결에 들리는 아내의 기도 소리가 힘이 되었다. 그는 요즘 아내가 누구를 위해 무엇을 간구하는지 궁금했다.

귀를 기울여보니 아내는 주로 자신이 맡은 구역 성도를 위해 기도했다. 어느 날은 그들을 위해 울면서 기도했다. 심지어 성도를 위해 금식하는 날도 있었다. 남편은 아무리 기다려도 자기를 위한 기도가 들리지 않자 서운한 마음이 들었다. 다른 사람을 위해서만 기도하는 아내를 보며 소외감을 느꼈다.

조금 늦게 출근한 날이었다. 현관을 나서는데 아내의 스마트폰에서 알람 소리가 울렸다. 무슨 알람이냐는 그의 질문에 아내가 대답했다.

"당신을 위한 기도 시간을 알려주는 알람이죠."

"나를 위한 기도 알람?"

"요즘 당신이 출근하고 나면 내가 식탁에 앉아서 당신을 위해 기도했어요. 아침 식사를 맛있게 먹은 당신을 생각하면서 회사에서도 하나님이 새로운 힘을 주시도록요. 지난주부터 교회에서 진행하는 중보기도 세미나에서 배운 거예요.

그동안 내가 성도를 위한 기도는 했는데, 당신을 위한 기도를 하지 않은 것을 깨달았어요. 여보, 사랑해요. 이제 당신을 위해 날마다 식탁 기도를 시작했으니 힘내세요. 그리고 당신의 기도제목을 언제든지 알려줘요."

그는 아내가 자기를 위해 기도한다는 말이 이처럼 큰 힘이 될 줄 몰랐다며 내게 감사 인사를 하러 세미나에 참석했다. 특히 알람 기도와 식탁 기도를 알려줘서 큰 도움이 되었다며 고마워했다. 자신도 아내를 위해 기도하려고 밤 10시 30분에 알람을 맞추었다고 자랑했다.

그는 아내가 식탁에서 매일 자기를 위해 기도한다는 말을 들은 후에는 식탁에 앉을 때마다 힘이 난다고 덧붙였다. 회사 일이 어떻게 될지 모르지만 기도하는 가족의 힘으로 돌파하겠다고 말했다. 그의 말을 옆에서 듣던 아내가 남편의 손을 꼭 잡았다.

'식탁 기도'는 가족이 다함께 하면 더 좋다. 자녀가 부모를 위해 기도하고, 부모가 자녀와 자신의 배우자를 위해 기도하는 모습을 상상만 해도 행복할 것이다. 또 형제자매가 서로를 위해 한마디라도 축복하며 기도한다면 얼마나 좋겠는가!

며칠 전에 TV 드라마를 보았다. 식탁에서 밥을 먹으면서 가족이 싸우는 장면이 있었다. 아마 현실의 식탁도 비슷한 집이 있을 것이다. 식탁을 더 이상 싸움터로 만들지 말고, 가족을 축복하고 기도하는 기도 장소로 바꾸자.

가족들이 식탁에서 서로를 위해 기도한다면 밥도 더 맛있고, 대화도 더 즐거울 것이다. 식탁 기도를 하지 않고 있다면 이제라도 시작하면 된다. 어느 집이든 가족을 위해 기도하는 첫 사람이 필요하다.

사람이 등불을 켜서 말 아래에 두지 아니하고 등경 위에 두나니
이러므로 집 안 모든 사람에게 비치느니라 마 5:15

그리스도인은 세상의 빛이다. 이 빛은 자기 집부터 밝게 비춘다. 불을 켜는 이유가 집 안을 밝게 하려는 것이기에 등불을 등경 위에 둔다. 불을 켜서 그릇으로 덮어두는 사람은 없다. 그리스도인은 자기 집을 비추는 등불이다.

나는 예수님이 구원의 등불을 우리 집에서 내게 맨 먼저 밝혀주셨다고 믿었다. 그래서 먼저 믿은 내가 가족을 위해 기도했다. 또한 가족 모두에게 빛을 비추는 등불이 되려고 노력했다. 마침내 가족 모두에게 구원과 생명의 빛이 비치게 되었다.

식탁 기도도 마찬가지다. 누군가 먼저 시작하면 된다. 먼저 배우고 깨달은 사람이 먼저 가족을 위해 기도하면, 결국 집 안 모든 사람에게 빛이 비치게 된다.

잘되는 가족

나는 중보기도 세미나를 하면서 참석한 사람들에게 각 가정의 식탁 분위기를 나누어달라고 부탁했다. 한 사람이 말했다.

"밥을 차려놓으면 밥 먹으라고 여러 번 소리쳐야 가족들이 한 명씩 자리에 앉는데, 그때마다 지쳐요. 더구나 막상 식탁에 앉아도

밥은 먹는 둥 마는 둥 하면서 각자 스마트폰을 들여다 볼 때면 화가 나요."

다른 사람이 말을 이었다.

"밥이 맛있다거나 음식을 차려주어서 고맙다는 인사 한마디 없이 휙 일어나 식탁을 떠나는 가족들 모습에 힘이 빠져요."

나는 그들에게 소망의 그림을 그리라고 했다. 날마다 식탁에서 가족들이 어떤 모습이기를 원하는지 상상해보라고 했다.

식사 준비하는 엄마를 돕겠다고 나서는 아이들과 맛있는 음식 냄새를 따라왔다며 수고하는 아내의 어깨를 살짝 감싸 안아주는 남편. 다 같이 손을 잡고 감사 기도를 한다. 음식을 만든 엄마와 아내를 위한 축복 기도를 덧붙인다. 밥을 먹을 때는 연신 맛있다며 오늘의 요리에 모두 관심을 갖는다.

이런 모습을 그려보며 다들 꿈을 꾸듯 행복한 표정이었다. 어떤 사람은 생각하다 말고 눈물을 흘렸다. 결혼하면서 바라던 모습이 있었는데 그동안 포기하고 살았다는 사람도 있었다. 몇 사람은 과연 자신이 꿈꾸는 즐거운 식탁이 가능할지 믿어지지 않는다고 말했다.

모두 가능하다. 우리가 기도하면 하나님이 일하시기 때문이다. 우리가 문을 열면 주님이 우리 가정에 들어오시기에 가능하다. 아침 식탁에서 가족을 축복하며 하루를 시작하고, 저녁 식탁에서 가족에게 감사하며 하루를 마무리하는 그런 가정을 이룰 수 있다.

'식탁 기도'가 쌓이면 가족들이 식탁에 앉을 때마다 쌓인 기도의 영향을 받는다. 행복한 가정을 만드는 일을 식탁에서 시작하자. 주님 안에서 잘되는 우리 집을 만들자.

우리 부부가 결혼하기 전, 목포에서 데이트를 할 때였다. 우리는 신앙의 선배 댁에 식사 초대를 받았다. 차려진 음식은 해물파전 외에 잘 생각나지 않는데 세월이 흐를수록 더 선명해지는 장면이 있다. 식탁에서 드리는 가정예배였다.

어린아이부터 할아버지까지 3대가 둘러앉아 큰 소리로 찬양하고 말씀을 읽은 다음에 다 같이 통성기도를 했다. 손님으로 간 우리를 위해 기도해주며 축복의 말을 아끼지 않았다. 여기까지는 일반적인 가정예배의 모습과 다르지 않았다. 그런데 예배 마지막 순서가 인상적이었다. 온 가족이 다 같이 식탁에서 만세 삼창을 했다.

"하나님 만세! 예수님 만세! 성령님 만세!"

그런 다음에 이어서 선포했다.

"우리 집 만세! 우리 가족은 잘된다!"

그러더니 옆에 앉은 가족의 등을 두드려주고, 손을 잡아주고, 안아주기도 하면서 격려와 사랑의 말을 쏟아냈다. 그때 나는 '웃음꽃이 피는 식탁'이라는 말을 실감했다. 그리고 결심했다. '나도 결혼하면 이처럼 행복한 가정을 만들어야겠다'라고.

결혼한 후에 행복한 식탁 문화를 만들기 위해 노력하면서 나는 늘 그 댁을 떠올리곤 했다. 그런데 "우리 집은 잘된다"라는 선포에 대해 한동안 의문이 풀리지 않았다.

'무슨 뜻일까?'

30년이 지난 지금에 이르러서야 그 의미를 명확하게 깨달았다. 정말 그 가족은 모두 잘되었다. 세상의 자랑과 이생의 욕심을 취하지 않고, 하나님을 경외하며 이웃과 열방의 축복의 통로로 모두 잘 살고 있다.

무엇보다 가장 중요한 축복은 모두 화목한 가정을 이루며 살고 있다는 것이다. 그 가정을 보면서 잘되는 가족은 '축복을 받고 나눠주는 가정'을 말한다는 것을 알게 되었다. 그것이 식탁에서 시작된다는 것도 소중한 깨달음이었다.

기도 시간을 정하라

쉬지 말고 기도하라 살전 5:17

장소와 함께 시간을 정해서 기도하면 기도가 습관이 된다. 성경에서 "쉬지 말고 기도하라"라는 것은 하루 24시간 동안 기도만 하라는 말이 아니다. "포기하지 말고 끝까지 기도하라"라는 말씀이다. 중간에 쉬지 말고 응답될 때까지 기도하라는 뜻이다.

가족이 구원받을 때까지 기도하라. 가정이 회복될 때까지 중간에 포기하지 말고 기도하라. 가족 구원과 회복을 위해 끝까지 기도할 수 있는 비결은 바로 시간을 정해서 기도하는 것이다.

시간을 정해놓고 기도한 사람들이 성경에 많이 나온다. 베드로와 요한이 태어날 때부터 걷지 못하던 사람을 고친 일도 정해놓은 시간에 기도하려고 성전으로 갈 때 일어났다(행 3:1).

베드로와 고넬료의 만남도 마찬가지다. 정기적인 기도 시간에 성령께서 말씀하시는 것을 듣고 서로 만나게 되었다(행 10장). 특히 NIV 성경은 고넬료가 규칙적이고 정기적으로 기도하는 사람(he gave generously to those in need and prayed to God regularly)이라고 번역했다(행 10:2).

가족을 위해 기도해야 하는데 너무 바빠서 시간을 내기 어렵다는 사람이 종종 있다. 짧게라도 시간을 정해서 꾸준하게 기도하면, 그것이 쉬지 않고 기도하는 것이다. 습관을 만들기 위해 시계 알람을 사용하면 효과적이다. 몇 번만 알람에 따라 기도하다 보면 가족을 위한 기도가 익숙해진다. 기도 습관이 자리를 잡는다.

또 한 가지 방법은 주간기도표를 사용하는 것이다. 요일별로 나누어 가족 기도를 해보라. 매일 기도하는 것과 요일을 정해 기도하는 것을 병행하면 기도 습관을 갖는 데 도움이 된다.

해당 요일에 하루 종일 기도 대상을 생각하며 기도하기 때문에 기도가 더 많이 쌓인다.

월요일 : 양가 부모님 / 화요일 : 오빠들과 그 가족 / 수요일 : 시동생
과 아주버니 / 목요일 : 동생들과 그 가족 / 금요일 : 외가와 고모댁 /
토요일 : 그 외 친척들 / 일요일 : 가족과 친척 중에 예수님을 믿지 않
는 사람들

나는 이렇게 표를 만들어서 기도 노트에 적고 매일 아침 6시에 기
도했다. 아침에 일어나 말씀 묵상을 하고, 그 말씀이 가족 안에서
이루어지길 기도하면 더 힘이 났다.

나는 대학을 졸업하고 결혼하자마자 선교단체 간사가 되었다.
양가 가족과 친척을 재정적으로 돕지는 못해도 기도로 도울 수는
있었다. 기도로 축복을 나누고 사랑으로 섬긴다는 마음으로 기도
했다.

결혼한 이후에 아이들이 태어날 때마다 기도표에 추가했다. 양가
부모님이 모두 돌아가신 뒤에 내 기도표가 달라졌다.

월요일 : 남편 / 화요일 : 큰아들 부부 / 수요일 : 딸 / 목요일 : 막내
아들 / 금요일 : 양가 가족 / 토요일 : 친척들 / 일요일 : 양가 가족 중
에서 아직 예수님을 믿지 않는 사람

부모가 되고 나니 자녀를 위한 기도를 더 많이 하게 되었다. 둘째
아이가 사춘기를 힘겹게 보냈다. 그래서 우리 부부는 그 아이를 위

해 아주 많이 기도했다. 정한 시간 외에 종일 기도한 적도 있고, 며칠을 금식하며 기도하기도 했다.

기도를 많이 받은 딸은 사춘기를 지난 후, 성령 충만한 청년이 되었다. 지금도 어디서나 자연스럽게 복음을 전하는 빛의 자녀로 살고 있다. 반면 막내는 태어나서 지금까지 부모를 힘들게 한 적이 없어서 기도를 더 많이 해야 할 필요를 느끼지 못했다.

그래서 그 아이를 위한 기도 기간을 일부러 따로 정해 집중적으로 기도했다. 막내를 위한 기도를 소홀히 하지 않기 위해서였다. 또 아이의 미래를 위해 지금 기도를 쌓는다는 심정으로 기도했다.

자녀들 각자를 향한 하나님의 큰 계획과 뜻이 있다. 그분의 큰 뜻이 이루어지는 그림을 그리고 그 소망의 그림을 바라보며 기도하면 기도를 쉬지 않게 된다. 무엇보다 시간을 정해서 기도하면 끝까지 기도하게 된다. 부모의 기도는 사라지지 않는다. 자녀들의 삶 속에서 이루어진다.

아직 응답이 없다면 지금 향로에 향기로 쌓이는 중이다. 다 쌓이면 부어진다. 끝까지 포기하지 않는 기도는 반드시 응답된다. 자녀의 앞날을 위해 적립하듯 기도를 쌓아야 한다. 부모의 기도는 자녀가 주님의 뜻을 성취하는 복된 삶을 살도록 이끌어준다. 따라서 자녀를 위한 기도는 부모로서 자녀에게 주는 가장 귀한 선물이다.

어느 날, 막내아들의 물건을 정리하는데 기도표가 보였다. 친구들과 선생님의 이름이 빼곡하게 적혀있었다. 우리나라의 각 영역과 열방을 위한 기도도 있었다. 가족 영역에 "목요일 : 엄마"라고 쓰인 것을 보자 마음이 뭉클했다. 내가 막내아들을 위해 기도하는 목요일에 아들도 나를 위해 기도하고 있었다니!

기도로 문 열기

우리 부부가 터키를 방문할 때였다. 내가 남편에게 말했다.

"여보! 내가 드디어 라오디게아 교회 터에 왔네."

"왜 그렇게 오고 싶었는데?"

"성경을 읽으면서 정말 궁금한 게 있었거든."

"그래? 뭐가 궁금했는데?"

"그동안 중보기도 강의를 하면서 라오디게아 교회 이야기를 많이 했는데 직접 보고 싶었어. 왜 예수님을 문 밖에 세워 놓았다고 했는지 확인하고 싶었고."

소아시아 일곱 교회 유적지 중에서 어느 곳을 갈지 결정해야 했다. 일곱 교회 터를 모두 찾아가기에는 일정이 맞지 않았다. 나는 라오디게아 교회에 가고 싶었다. 다행히 터키 대표 관광지인 파묵칼레가 라오디게아 교회 유적지와 가까이 있어서 전체 일정도 잘 맞았다.

나는 교회 유적지에서 성경도 읽고 자료도 찾아보면서 다시 한번 라오디게아 교회에 관한 본문을 정리했다. 성경이 기록되던 당시의

원독자 중심으로 설명을 들으니 그 내용을 이해하는 데 도움이 되었다.

볼지어다 내가 문 밖에 서서 두드리노니
누구든지 내 음성을 듣고 문을 열면
내가 그에게로 들어가 그와 더불어 먹고
그는 나와 더불어 먹으리라 계 3:20

성령이 라오디게아 교회에게 말씀하신 내용이 요한계시록 3장에 기록되어 있다. 그 중에서 위의 말씀은 대부분의 그리스도인들에게 익숙한 성경구절이다. 그런데 성경 말씀을 자세히 읽어보면 예수님이 교회 밖에서 문을 두드린다고 하시는 것이 이해하기 어렵다.

'예수님은 교회의 주인이신데 어찌하여 교회는 주인을 안으로 모셔 들이지 않고 밖에 계시게 한단 말인가?'

언뜻 보면 예수님도 이해하기 힘들다. 문을 열고 들어가면 되는데 두드리고만 계신다. 주인이 자기 집 문을 열지 않고 다만 두드리고 계실 뿐이라니…. 노크 소리를 듣고 문을 열면 그때 비로소 들어가시겠다는 말이다. 안에서 문을 열면 들어가서 그와 더불어 먹고 마시겠다고 하신다.

'도대체 이것은 어떤 상황이며, 이 내용은 무슨 뜻일까?'

나는 오랫동안 묵상하고 공부했다.

라오디게아 교회는 하나의 건물이 아니고 그 지역에 사는 성도들을 통칭한다. 그들은 교통과 무역과 금융의 중심지에 살았다. 면직과 모직 산업이 발달한 도시에 살았기에 돈을 벌 수 있는 일자리도 많았다.

돈이 많으니 주님을 의지할 일이 적었다. 그래서인지 신앙은 미지근했고, 기도의 열정은 식었다. 주님의 뜻을 묻고 말씀대로 살고자 했던 열정은 세상의 부요함 속에 묻혔다. 어느새 라오디게아 교회는 주님을 문 밖으로 밀어내버렸다. 그래서 예수님은 라오디게아 교회를 향해 말씀하셨다.

"문을 열어라."

그러나 라오디게아 교회는 문을 열지 않았다. 문을 여는 방법이 무엇인가? 성도는 무엇으로 주님을 자신의 삶 가운데 들어오시게 할 수 있는가? 바로 기도를 통해서다. 그러므로 문을 연다는 것은 곧 기도한다는 뜻이다. 라오디게아 교회는 주님이 들어오시도록 기도하지 않았다. 그래서 그들의 내면은 곤고하고 가련하고 가난했다.

재물에 눈이 멀어 영적인 부요함을 볼 수 없었다. 벌거벗은 내면의 수치를 가릴 생각도 못했다. 주님이 문을 두드리는 소리를 듣고도 문을 열지 않은 까닭이다. 기도하지 않은 결과다. 라오디게아 교회는 기도하지 않는 교회였다(계 3:14-22).

기도는 예수님이 들어오시도록 문을 여는 일이다. 그분을 주인으로 인정하고 의지하는 것이다. 우리가 언제든지 기도로 문을 열면 예수님이 들어와서 주인이 되신다. 그때부터 우리는 그분과 더불어 먹고 마시며 행복한 교제를 할 수 있다.

또한 우리가 기도하면 예수님이 우리 안에 들어와 왕이 되신다. 그러면 우리 삶에 하나님나라가 임한다. 의와 희락과 평강이 넘치는 하나님나라의 가족이 된다. 예수님은 기도로 문을 여는 사람들을 통해 그분의 주권을 나타내시며, 왕으로 다스리시고, 그 뜻을 이루신다. 기도로 문을 여는 사람에게 그분의 은혜를 베푸신다.

그런데 왜 문을 열지 않는가? 그 이유는 라오디게아 교회를 통해 알 수 있다. 재물에 눈이 멀어 영적 벌거벗음을 깨닫지 못하고 예수님이 아닌 다른 것을 더 의지하기 때문이다. 사실 오늘날에도 어떤 사람들은 자기만의 생활 방식을 예수님이 오셔서 바꾸실까 봐 두려워서 기도하지 않는다.

그러나 "주님, 들어오세요. 제 삶의 주인이 되어주세요"라며 어려움 중에서 주님을 찾는 사람은 행복하게 살 수 있다. 주님께 빨리 문을 여는 사람은 언제든지 도움을 받는다. 환난이 선으로 바뀌는 은혜를 누린다.

환난이나 재앙을 만나면 도리어 기도하지 않고 더 멀리 도망가는 사람이 있다. 예수를 믿어도 소용이 없다면서 다른 신을 찾거나 주변 사람에게 도움을 청하러 간다. 예수님을 부르지도 찾지도 않는다. 그런 사람은 당연히 주님이 주시는 은혜를 받을 수 없다. 예수님을 향해 문을 닫았기 때문이다.

주님은 밖에서 기다리신다. 주님은 도움과 은혜를 준비하셨지만 우리가 기도하지 않기 때문에 줄 수가 없다. 예수님은 우리가 기도할 때까지 문 밖에서 기다리신다. 이것이 누구라도 기도하지 않으면 하나님 은혜를 받을 수 없는 이유다. 기도는 예수님의 은혜를 향해 문을 여는 행위다. 우리가 그분을 향해 안에서 문을 열어야 한다.

모든 문을 열어라

하나님은 모든 사람을 사랑하신다. 모두가 구원받기를 바라시며 진리를 알기 원하신다. 또한 행복하게 살기를 바라신다. 그런데 어떤 사람은 하나님께 풍성한 은혜를 받고, 어떤 사람은 전혀 못 받는다. 똑같은 말씀에서 어떤 성도는 은혜를 받는데 다른 성도는 냉랭하다.

비슷한 환난이 닥쳐도 유대감이 강해지고 신앙이 더 깊어지는 가정이 있는 반면 그렇지 못한 집도 있다. 그 차이는 각 가정의 결정과 태도에 있다. 문을 여는 사람과 그렇지 않은 사람의 차이다. 기도하는 가정과 기도하지 않는 가정의 차이다.

또한 그리스도인의 기도생활에서 이런 경우가 있다.

'하나님, 제 삶에 들어오세요. 그런데 안방에는 들어오지 마세요. 거실에 앉아계세요.'

주님을 삶의 모든 부분의 주인 삼지 않고 어떤 부분만큼은 자신이 주인으로 있는 경우다. 하나님 뜻대로 하다가는 큰일 날 것 같아서 기도로 문을 열지 않는다. 하나님에 대한 지식과 믿음이 부족하기 때문이다.

하나님은 전능하시지만 우리의 선택을 존중하신다. 우리가 문을 열지 않는 방에는 들어가지 않으신다. 그래서 자신이 닫은 문 안에서 일어나는 문제는 자신이 책임져야 한다. 그런데 자꾸 하나님을 원망한다. 하나님을 의지하지 않고서 그분께 책임을 묻는다.

그러므로 예수님을 향해 우리 삶의 전부를 열어야 한다. 모든 방문을 열듯이 삶의 모든 부분에서 기도해야 한다. 주님께 기도한다는 것은 내 뜻이 아닌 주님의 뜻을 따르겠다는 결단이다.

기도의 목적은 하나님의 나라와 그분의 뜻이 이 땅에 이루어지는데 있다. 자신의 삶 가운데 주님의 나라가 임하고, 주님의 뜻이 이루어지기를 원하는 사람은 모든 부분에서 기도를 하게 된다.

우리가 기도로 문을 열면 우리 삶은 그분의 풍성한 은혜로 가득 찬다. 예수님은 사랑의 선물을 가득 안고 문을 두드리신다. 기도로 문을 열기를 바라고 기다리신다.

너희가 내 안에 거하고 내 말이 너희 안에 거하면
무엇이든지 원하는 대로 구하라
그리하면 이루리라 요 15:7

나는 언제나 내 삶의 모든 필요를 주님께 아뢴다. 몸이 아프거나 마음이 외로우면 주님을 찾는다. 지치고 피곤할 때나 배고플 때도 주님의 이름을 부른다.

'주님, 제 삶에 들어와주세요. 제 문제를 해결해주세요.'

예전에 남편이 해외 선교 현장에 있는 동안에 혼자 집에 머무른 적이 있었다. 강의 일정이 많았기 때문이었다. 어느 날, 몸이 많이 아팠다. 배도 고팠다. 그래도 강의 시간에 늦지 않으려고 몸을 추스르고 일어나 출발했다. 버스를 타고 가는데 엄마가 해주던 갈치조림이 몹시 생각났다.

'예수님, 갈치조림이 먹고 싶어요.'

나는 마음의 문을 열고 주님을 찾았다. 아무것도 못 먹고 버스를 갈아타며 교회에 도착했다. 2시간 동안 강의하고 오후 4시가 되었다. 고픈 배를 움켜쥐고 집으로 돌아갈 일이 암담했다. 그런데 목사님과 사모님이 나를 불렀다.

"시간이 너무 이르지만 저녁 드시고 가실래요?"

"네."

나는 너무나 기쁜 나머지 재빠르게 대답하고 말았다.

"저희를 따라오세요."

그들이 안내한 곳은 바로 '갈치조림 전문점'이었다. 이 일로 나는 또다시 말할 수 없는 주님의 사랑을 경험했다. 주님을 향해 문을 열었기에 그분과 더불어 먹는 은혜를 맛보았다.

'남편이 아픈 나를 두고 또 어디를 갔나요?'라고 원망하지 않았다. '왜 엄마는 빨리 돌아가셔서 내가 필요할 때 곁에 안 계시나요?' 하며 불평하지 않았다. 대신에 내 옆에 항상 계신 주님을 찾았다. 그분께 문을 열었다.

예수님을 향해 문을 열지 않을 때 우리는 주님과 가족을 향해 원망과 불평을 쏟으며 상황과 환경을 탓하게 된다. 그러면 그분의 은혜를 경험할 수 없다. 만약 그때 내가 예수님을 찾지 않았다면 그분의 돌보시는 은혜를 누리지 못했을 것이다.

주님이 갈치조림을 준비하고 기다리고 계시는데 내가 문을 열지 않았다면 먹을 수 없었다는 뜻이다. 그래서 언제나 기도로 삶의 모든 부분의 필요를 그분께 아뢰어야 한다. 주님은 우리의 영혼과 몸의 필요를 아시고, 돌보시고, 채우시는 좋은 분이다.

먼저 자기 자신을 위해 기도하자. 자신이 지치면 가족을 도와줄 수 없다. 자신을 위한 기도는 결코 이기적인 기도가 아니다. 자신의 삶 속에서 응답을 경험해야 다른 사람을 위해 기도할 때 믿음으로 기도할 수 있다.

사실 가족이 채워줄 수 없는 필요가 누구에게나 있다. 그러나 자신만을 위한 기도에 머물 수는 없다. 우리는 만민을 위해 기도하는 집이다. 다른 사람의 문도 열어주는 사람이다. 모든 그리스도인은 이웃과 성도와 온 열방을 위해 기도하는 집으로서 사명이 있다. 그 첫 출발이 가족으로부터 시작된다.

그리스도인은 누구든지 자기 가족을 위해 문을 열어야 하는 부르심이 있다. 예수님을 자신의 주님으로 인정한다면 그분이 또한 가족의 주인 되시도록 문을 열어야 한다. 가족의 필요를 알고, 그들을 위해 기도하는 것이 문을 열어주는 일이다.

가족을 위해 기도하는 사람

부모님 추도예배로 온 가족이 모였다. 우리는 부모님에 대한 좋은 기억을 나누기로 했다. 서로 나누는 이야기를 통해 부모님의 좋은 점을 더 풍성하게 공유할 수 있었다. 그 중에서 엄마의 기도 이야기가 가장 많았다. 오빠와 동생들이 엄마의 기도 소리를 그리워했고, 조카들도 기도하는 할머니를 기억하며 추모했다.

"방학에 할아버지 집에 오면, 할머니는 새벽 기도를 하러 교회에 가셨어요. 할아버지가 오토바이로 태워다주셨지요. 할머니가 무릎이 아파서 교회에 걸어가지 못했는데, 새벽마다 두 번씩 태워주셨어요. 새벽 기도가 시작할 때 한 번, 끝나는 시간에 또 한 번. 그런데 당시에 할아버지는 교회에 다니지 않았는데도 할머니가 얼마나 간절히 기도하기를 원했는지 아셨기에 태워주셨어요. 할머니를 사랑한 할아버지와 기도를 중요하게 여긴 할머니가 생각납니다."

"모두 기억하겠지만, 저녁 9시에 엄마가 기도하셨잖아. 엄마는 기도 시간을 참 정확하게 지키셨어. 기도 의자에 앉아 언제나 가족들 이름을 한 명씩 부르면서 기도하셨지. 가끔 그 소리가 들리는 것같아. 때로 힘들 때면 엄마의 기도가 생각난다. 몸이 그렇게 편찮으셨는데도 기도 소리는 항상 힘이 있었어. 엄마의 기도가 아직도 나를 둘러싸고 있다고 생각하면 새로운 힘이 난다니까."

엄마가 돌아가신 후, 가족을 위한 기도를 내가 계속해야 한다는 부담이 있었다. 그래서 기도 의자에 앉아 엄마처럼 30명이 넘는 가족의 이름을 부르며 기도하기를 시도했다. 하지만 날마다 그렇게 하기는 쉽지 않았다.

그래서 가족을 위한 기도 요일을 정했다. 금요일마다 가족의 이름을 부르며 기도했다. 그것도 쉽지 않았다. 내가 이 유산을 이어가야 하는데 어떡하나 고심하던 무렵에 가족 모임이 있었다. 작은 오빠가 부모님 생각이 난다며 말했다.

"예전에 엄마가 우리 이름을 한 명씩 부르며 기도한 거 생각나지?"

"기도 시간이 아주 길었지요. 가정예배에서 엄마가 대표 기도할 때, 가족 단위로 몰아서 기도하라고 오빠가 엄마의 옆구리를 툭툭치곤 했잖아요."

"맞아, 그랬지. 그런데 지금은 그 마음이 이해가 돼."

"무슨 말이에요?"

"나도 기도하려고 앉으면 한 명씩 부르게 되거든."

"네?"

"누구 한 사람 빼놓거나 몰아서 하는 것이 절대로 안 돼. 어머니 마음을 이해하게 되었어. 그래서 나도 길게 기도하고 있어."

나는 작은오빠와 동생의 대화를 듣고 너무나 기뻤다. 가장 늦게 예수께 돌아온 작은오빠가 어느새 가족들의 문을 열어주는 중보기도자가 되었다니! 더구나 엄마의 기도를 이어가고 있다는 말에 정말이지 놀라지 않을 수 없었다.

기도로 벽을 깬다

벽을 깨는 집중기도

"간사님! 저 한국에 왔어요."

"아! 반가워요. 환영합니다. 그런데 갑자기 무슨 일이 있나요?"

"아버지를 전도하려고 1개월 일정으로 왔어요. 더 이상 미루면 안 될 것 같아서요."

우리 부부가 미국에 있을 때 만난 J가 한국에 왔다. 아내와 성경공부를 하면서 믿음이 성장했고 교회생활도 잘하는 신실한 성도였다. 예수님을 믿고 보니 너무 좋아서 한국에 있는 가족도 복음을 들었으면 좋겠다고 늘 말했다.

J는 국제 전화로 어머니와 동생을 전도했다. 그런데 아버지는 전도가 되지 않았다. 늘 반갑게 전화를 받다가도 신앙적인 대화를 하려면 아버지가 서둘러 전화를 끊었다. 예수님 사랑을 깨닫고 누릴

수록 아버지께 복음을 전하고 싶은 열정이 일어났다.

오랜만에 고국에 오니 만나고 싶은 친구도, 먹고 싶은 음식도 많았다. 하지만 모두 포기하고 오직 아버지를 전도하는 일에만 매달렸다. 그러나 아무리 복음을 전해도 아버지는 마음을 열지 않았다. J는 아버지가 쉽게 복음에 반응하지 않는 이유가 지나친 독서 때문이라고 생각했다. 아버지는 평생 책을 옆에 두고 살았다.

기독교를 비롯한 여러 종교 전문 서적도 많이 읽었다. 신앙생활을 한 지 얼마 안 된 딸에 비해 아버지는 성경과 기독교에 대한 지식이 훨씬 많았다. 그래서인지 복음을 전하다가 토론에 빠져 결국 다툼으로 끝나곤 했다. 교회에서 소개받은 전도 프로그램의 복음 제시 내용을 수없이 연습하고 제시해도 아버지는 꿈쩍도 하지 않았다.

복음만 소개한 것이 아니다. 아버지의 기분을 살피면서 그리스도인으로서 좋은 모습을 보여주려는 노력도 했다. 그러나 함께 산책하면서 부녀간의 친밀한 시간을 보낼 때조차 전도를 하려고 하면 아버지는 외면했다.

1개월이 금방 지나갔다. J가 우리에게 다시 전화했을 때는 목소리에 힘이 하나도 없었다. 미국으로 돌아갈 날이 다가오자 아버지를 전도하지 못하고 돌아가게 될까 봐 많이 초조하다고 했다.

출국하기 전날, 우리 부부는 J를 만났다. 아버지에게 복음을 전한 수고가 헛되지 않다고 위로하며 하나님의 뜻이 이뤄지기를 함께 기도했다. 그런데 헤어지기 직전에 J가 심각한 표정으로 입을 열었다.

"아버지 앞에 무슨 벽이 있는 것 같아요. 평소에는 저와 정말 친한데, 예수님에 관한 이야기만 하면 벽에 부딪히는 느낌이었어요."

우리는 집에 돌아와 다시 한번 기도에 집중했다. 견고한 진이 무너지도록, 벽이 깨지도록 간절히 구했다. 단 하루가 남았지만 하나님의 능력은 능치 못할 일이 없음을 믿었다. J가 한국을 떠나기 전에 작은 구름이라도 보기를 바랐다.

미국으로 떠난 J가 며칠 후에 전화를 했다. 아버지 소식을 물었더니 기다렸다는 듯이 생기 있는 목소리로 말했다.

"간사님, 아버지가 예수님을 영접했어요!"

"할렐루야! 정말 감사하네요. 언제 영접했어요?"

"출발하기 전날, 간사님 부부를 만나고 집에 와서 기도했어요. 모든 것을 내려놓고 기도만 했어요. 그동안 빨리 전도해야 한다는 생각만 가득했었는데, 제 말로는 더 이상 안 되는 것을 인정했어요. 간사님이 알려준 대로 오직 벽을 깨는 기도만 했어요. 아빠를 둘러싼 견고한 진이 무너지도록 기도하느라 거의 밤을 꼬박 샜어요.

그러고 나서 공항으로 출발하기 전에 마지막으로 한 번 더 복음을 전했는데, 아빠가 예수님을 믿겠다는 거예요. 너무 쉽게 믿겠다고 해서 얼마나 놀랐는지 몰라요. 실감이 나지 않았어요. 예수님을 영접한 아빠가 '그동안 네가 말할 때는 반대할 생각만 떠올랐는데,

오늘은 이상하게 네 말이 믿어진다'라고 했어요. 무슨 일이 일어난 거냐고 오히려 제게 물었어요. 간사님, 그 벽이 무너진 것 같아요. 함께 기도해주셔서 정말 감사해요."

J는 기쁜 소식을 전해주느라 숨도 제대로 쉬지 않는 것 같았다. 나도 정말 기뻤다. 전화를 끊고 들은 말을 생각하며 복음 전파의 과정을 다시 한번 돌아보았다.

- 그동안 전한 복음과 출발하는 날에 전한 복음은 같다.
- 딸로서 아빠에게 친밀하게 대하며 그리스도인으로서 좋은 모습을 보여주려고 노력한 것이 큰 도움이 되었으나, 그것으로 변화가 일어나지는 않았다.
- 아버지가 예수님을 영접한 이유가 있었다. 머릿속에 가득 찬 생각과 그동안 공부한 책에서 형성된 세계관의 벽이 무너졌기 때문이다. 벽을 깨는 집중기도의 응답이었다.

결국 기도로 벽은 깨어졌다. 그래서 아버지의 귀에 복음이 들렸고, 마음이 열려서 예수님을 영접한 것이다.

1. 벽이 있다

복음을 제대로 깨닫지 못하게 막는 벽이 있다. 성경은 이를 "견고한 진"(고후 10:4)이라고 칭한다. 마치 빛이 들어오지 않는 감옥과 같다. 벽이 빛을 차단하기에 갇힌 사람은 빛을 볼 수 없다. 그래서 사람 안에 있는 견고한 진은 복음을 깨닫지 못하게 막는다.

우리의 싸우는 무기는 육신에 속한 것이 아니요
오직 어떤 견고한 진도 무너뜨리는 하나님의 능력이라
모든 이론을 무너뜨리며 하나님 아는 것을 대적하여
높아진 것을 다 무너뜨리고 모든 생각을 사로잡아
그리스도에게 복종하게 하니

고후 10:4,5, 개역개정

싸움에서 쓰는 우리의 무기는, 육체의 무기가 아니라,
견고한 요새라도 무너뜨리는 하나님의 강한 무기입니다.
우리는 궤변을 무찌르고, 하나님을 아는 지식을 가로막는
모든 교만을 쳐부수고, 모든 생각을 사로잡아서,
그리스도께 복종시킵니다

표준새번역

모든 이론(궤변), 교만(주장), 생각이 하나님을 대적하는 견고한

진이라고 성경이 말한다. 복음을 깨닫지 못하게 막는 벽이다. 궤변은 거짓 주장을 참인 것처럼 보이게 한다. 형식적으로 타당해 보이지만 결국 진실이 아니다.

하나님의 천지 창조를 부정하는 진화론, 하나님의 존재 자체를 부정하는 여러 철학과 사상들, 또 많은 종교의 교리들이 대표적이다. 과학과 학문처럼 보이기도 하고, 진지한 종교적 성찰처럼 보이지만 하나님이 없다고 전제한 잘못된 이론이다. 오늘날에는 인터넷과 디지털 시대에 맞게 견고한 진도 형태를 달리한다.

성 정체성을 부정하고 가정의 가치를 훼손하는 이론이 진리인 것처럼 활개를 친다. 탈종교화와 함께 물질 만능 시대가 되면서 벽은 더 강해지고 두터워졌다. 다양한 종류의 중독들도 사람을 가두는 벽이다.

견고한 진에 갇히면 복음이 들리지 않아서 어둠 속에 살게 된다. 하나님나라의 풍성함을 누릴 수 없다. 가족 중에 그런 사람이 있으면 본인뿐만 아니라 가족 전체가 행복한 삶을 저당 잡힌다. 나는 가정 사역을 하면서 가족 중에 중독자가 있는 경우를 많이 보았다.

알코올 중독으로 온 가족을 고통스럽게 하는 아버지, 도박 중독으로 재산을 탕진한 남편, 온라인 게임 중독으로 부모의 마음을 멍들게 하는 자녀를 만났다. 또 다양한 연령층에서 성 중독자를 발견할 수 있었다.

21세기 대한민국의 새로운 견고한 진은 청소년과 어린아이들의 스마트폰 과다 사용이다. 전 세계적인 현상이고, 디지털 시대에 따른 문명의 발달인 것은 분명하다. 그러나 우리나라는 이제 중독 수준까지 가는 심각한 위기를 맞았다. 많은 그리스도인 가정에서도 가족의 소통만이 아닌 하나님과 소통까지 가로막는 가장 큰 원인으로 스마트폰을 꼽는다.

우리 부부는 패밀리타임 네트워크 운동을 하면서 '식탁 기도' 운동을 일으키고 있다. 자녀들이 식탁에서만이라도 스마트폰을 내려놓고 가족과 대화하고 서로를 위해 기도하도록 하기 위해서다.

배우자에게 중독 현상이 있으면 대부분 이혼을 고민한다. 자녀들이 온라인 게임 중독인 경우에는 부모와 전쟁이 벌어진다. 어떤 잔소리도 효과가 없는 것을 경험하면서 좌절한다. 알코올 중독인 부모 때문에 마음고생이 심한 사람도 많다. 그러나 견고한 진을 파하는 하나님의 강력한 무기가 있다.

우리는 견고한 진을 깰 힘이 없지만 하나님의 능력은 깰 수 있다. 우리가 기도하면 하나님이 일하신다. 기도하면서 소망의 끈을 잡고 있으면 승리의 그날을 보게 된다. 벽이 깨어져야 진정한 변화가 일어난다. 그러기 위해 무엇보다도 먼저 벽이 있다는 것을 알고, 그 벽이 세워진 원인을 알아야 한다.

2. 벽은 언제 세워지는가

벽은 오랜 시간 동안 세워진다. 내가 만난 사람들의 사례는 서로 달랐지만 몇 가지 공통점이 있었다. 이것이 견고한 진을 만드는 원인이라고 생각한다.

- 본인의 죄
- 교회와 가족에게 받은 상처
- 청소년 기간에 받아들인 잘못된 정보

죄가 감옥을 만든다

한 번의 실수는 쉽게 돌이킬 수 있다. 그러나 지속적으로 죄를 반복하면 벽이 만들어지고, 죄를 짓는 사람은 그 안에 갇히게 된다. 결국 스스로 죄의 벽에 자신을 가두게 된다.

또한 죄를 짓는 것은 교통 신호등을 무시하는 것과 같다. 운전자는 녹색등이면 가고, 적색등이면 무조건 서야 한다. 그러나 황색등이 들어오면 선택해야 한다. 속도를 줄이고 다음 신호를 확인하면서 안전 운전해야 한다. 사실 이 원칙만 지켜도 교차로에서 일어나는 사고가 크게 줄어든다.

하나님은 우리에게 이성과 양심을 주셨다. 죄를 짓기 전에 먼저 양심의 신호가 들어온다. '여기서 멈추라', '더 이상 가면 안 된다', '빨리 돌아가라'처럼 마음에 들리는 이성적인 소리다. 마치 황색 신호등이 켜지는 것과 같다.

이성과 양심이 보내는 신호를 무시하지 않는 사람은 죄를 피할 수 있다. 그러나 죄를 반복하는 사람은 무감각해져서 나중에는 양심의 소리를 듣지 못한다. 누구든지 죄에서 자유로울 수는 없다. 성경에서 말하는 것처럼 우리 모두는 죄인이다(롬 3:23). 사도 바울도 자신을 죄인 중에 괴수라고 칭했다(딤전 1:15). 그러나 자기 죄를 깨닫고 돌이키면 죄의 힘은 사라진다.

너무 지나친 정죄감을 갖는 것도 문제지만 자기의 잘못된 행동을 죄로 여기지 않는 것은 더 큰 문제다. 죄를 깨닫는 정도는 그 사람의 경건한 삶에 따라 다르다.

탄광에서 석탄을 채굴하는 사람은 자기 몸에 탄가루가 묻은 것을 알고 있다. 그러나 그 사람이 있는 위치에 따라 탄가루가 어느 정도 묻었는지 깨닫는 정도가 다르다. 갱도에 있을 때는 몸에 묻은 검은 가루가 잘 보이지 않지만, 대기실의 흐릿한 불빛에서 서로의 얼굴을 쳐다보면 비로소 보인다. 그리고 갱도 밖으로 나오면 얼마나 많은 탄가루가 묻어있는지 금방 알게 된다.

밝은 빛으로 다가갈수록 더 자세히 깨닫는다. 죄에 대한 각성도 이와 같다. 그래서 성령의 빛을 따라 경건하게 살려는 사람은 무엇이 죄인지 쉽게 깨닫고 스스로 조심한다.

성경에서 '죄'라는 단어는 가인이 아벨을 죽인 사건을 기록한 창

세기 4장에서 가장 먼저 등장한다.

> 네가 선을 행하면 어찌 낯을 들지 못하겠느냐
> 선을 행하지 아니하면 죄가 문에 엎드려 있느니라
> 죄가 너를 원하나 너는 죄를 다스릴지니라 창 4:7

하나님은 가인에게 죄를 다스리라고 하셨다. 우리 모두 죄를 다스려야 한다. 가인 이후에 성경에 등장하는 모든 사람은 죄의 유혹을 겪었다. 유혹을 이기지 못하고 죄를 지으면 그 죄가 그 사람에게 힘을 갖는다.

죄를 이기고 죄를 다스리자. 예수님은 모든 일에 우리와 똑같이 시험을 받으셨지만 죄는 없으셨다(히 4:15). 우리도 죄를 다스릴 수 있다. 죄를 다스리려면 깨어있어야 한다. 죄에 대한 무감각이 죄를 짓게 한다. 죄는 우리를 벽에 가두고 진리의 빛을 차단한다.

최근에 DTS에서 사역하는 한 강사를 만났다. 언젠가 그가 회개에 대해 강의하는데 기대하는 반응이 나오지 않았다고 한다. 강의를 듣는 청년들이 죄에 대한 자각이 부족했기 때문이다. 죄에 대한 기준과 반응도 서로 달랐다. 그래서 강의 순서를 바꾸었다고 한다. '무엇이 죄인가?'에 관해 먼저 강의하고 토론했다. 소그룹에서 각 사람의 의견을 나누는 시간도 가졌다. 그런 다음에 비로소 회개를 다루었다.

이제 양심의 빛이 희미한 시대가 되었다. 죄를 방치하면 그 결과로 사망에 이른다. 이는 영적 소통이 불가능한 벽에 갇힌다는 뜻이다.

거절 받은 상처가 벽이 된다

죄보다 더 흔하게 사람을 벽에 가두는 것이 있다. 바로 거절감이 주는 상처다.

A를 만난 것은 지인의 안타까운 소개말 때문이었다. 우리 부부를 잘 아는 지인이 찾아와서 자기가 아는 사람 중에 죽지 못해 사는 사람이 있는데, 만날 수 있는지 물었다. A의 남편은 도박 중독자인데, 재산을 탕진하고 빚이 많다고 했다. 남편을 포기하고 떠나고 싶은데, 아이들이 있어서 꼼짝 못한다고 했다. 아이들 이야기를 듣는데 마음이 아팠다.

우리 아이와 비슷한 나이였는데, 이야기를 들을수록 너무 불쌍했다. A의 가정을 도와줄 사람이 주변에 없다고 했다. 친정에는 차마 알리지 못했고, 시댁과는 말이 통하지 않았다. 나는 도박 중독에 관해 자세히 알지 못해서 전문적으로 도와줄 수 없었다. 다만 기회가 되면 복음을 전하고 싶어서 지인을 통해 연락했더니 우리를 만나겠다고 했다.

처음 만난 날, A의 상태가 너무 안 좋아서 복음 제시는 다음에 하기로 했다. 그동안 있었던 이야기만 들어주었다. 지인을 통해 들은 것보다 상황이 더 심각했다.

남편의 이름도 가르쳐주지 않았고, 집안에 그의 사진도 없었다. 우리를 보자마자 남편 욕을 했다. 아내가 찾아가서 1주일에 한 번씩 함께 성경을 공부했다. 나는 아이들을 만나서 밥을 사주었다. 몇 주 동안 교제하면서 남편이 왜 그렇게 되었는지 알게 되었다. 결혼할 때 처가에서 거절당한 상처 때문이었다.

그의 학력이 떨어진다고 반대하여 공부해서 학위를 갖추었는데도 장인과 장모에게 인정받지 못했다. 이번에는 그의 집안이 돈이 없다는 이유였다. A의 남편은 깊은 상처를 받았다. 그래서 최대한 빠른 시간에 돈을 벌려고 도박을 시작했다.

나중에 A의 남편을 만나고 너무 놀랐다. 그렇게 창백한 사람의 얼굴은 처음 보았다. 아무 표정도 없고, 살아있는 사람이라고 생각되지 않을 정도였다. 거절 받은 상처가 한 사람의 삶에 얼마나 큰 영향을 주는지 알 수 있었다. 특히 시댁이나 처가에서 받은 거절감이 상처가 되면 행복한 가정을 가로막는 두꺼운 벽이 된다.

청소년기를 잘 보내야 한다

청소년은 정서적 흡수력이 매우 강하다. 이때 읽은 책과 들은 음악과 본 영화가 일생 동안 영향을 미친다. 대부분의 사람들은 30대 이후에는 새로운 장르의 음악을 듣지 않는다고 한다. 청소년 시기에 좋아했던 음악 취향이 평생 가기 때문이다.

나는 사역 초기에 만난 L을 잊지 못한다. 그는 어버이날에 부모님 앞에서 스스로 목숨을 끊으려 했다. 생각만 해도 끔찍한 일이 실제로 일어날 뻔했다.

그날 아들의 행동이 평소와 달라서 엄마가 지켜보고 있었다. 죽으려는 순간에 눈치를 채고 아들을 안고 놓아주지 않아서 간신히 목숨을 건졌다. 엄마는 그 아들을 끌어안고 통곡을 했다.

그런데도 아들은 아무 반응이 없었다. 나는 교회 목사님의 부탁으로 그 가족을 만났다. 목사님도 그 가정의 형편을 자세히 알지 못했고, 다른 사람한테 소개받았다고 했다.

L의 부모는 유명 인사였다. 부모는 아이가 태어나자마자 해외 유학길에 올랐다. 아내는 일하면서 공부하는 남편의 뒷바라지를 했다. 엄마가 일하는 시간에는 아들을 다른 곳에 맡겼다. 그런데도 아이는 스스로 잘 크는 것 같았다. 유치원에서 초등학교까지 잘 다녔다. 한국에 돌아와서도 부모는 둘 다 바쁘게 살았다.

중학교에 진학한 아이는 독서에 빠졌다. 방에서 나오지 않고 책만 읽었다. 부모는 독서를 많이 하는 것은 좋은 일이라고 생각해 크게 염려하지 않았다. 아이는 고등학교에 진학했고 성적도 좋았다. 그런데 고등학교 1학년 말부터 아이가 이상한 행동을 했다. 친구에게 관심이 없고, 부모와도 대화를 하지 않았다. 오로지 책에만 몰두했다.

나중에 아이가 읽은 도서 목록을 보고, 나는 몹시 당황했다. 내가 전혀 모르는 작가들의 책이었기 때문이다. 내용이 자극적이고 잔인하고 끔찍한 표현이 많이 나왔다.

아이는 부모가 모르는 사이에 그런 책을 탐독하며 청소년기를 보냈다. 그래서 점점 주위 사람들과 정상적인 대화가 되지 않았고, 가족과도 멀어졌다. 그러다가 그 책에 나오는 내용을 행동으로 옮긴 것이다.

3. 벽을 깨는 방법은 무엇인가

반복해서 짓는 죄와 거절 받은 상처, 그리고 청소년기에 접한 과격하고 세속적인 정보들이 벽이 된다. 그 외에도 다양한 원인들이 있다. 벽을 그대로 두면 하나님나라의 복음이 들리지 않는다. 가족과 정상적으로 소통하기 어렵고, 자신도 행복한 삶을 누리지 못한다. 그러므로 이 벽은 반드시 깨뜨려야 한다.

이 벽은 오직 하나님의 능력으로만 깨진다. 인간적인 방법으로 되지 않고, 성령께서 일하실 때 무너진다. 그런데 한 번에 깨지지 않는다. 나는 이 문제에 대해 깊이 고민했다.

'즉시 변화가 일어나면 좋은데 왜 시간이 많이 걸릴까?'

그러나 하나님의 성품을 알아가면서 벽이 서서히 깨어지는 것이 더 좋음을 알게 되었다. 벽은 오랜 시간 보고 듣고 접한 것으로 인해 형성된 가치관이다. 또는 그 가치가 형성한 세계를 보는 관점이다. 따라서 한꺼번에 무너지면 큰 혼란이 일어난다.

하나님은 한 사람 한 사람의 인격을 존중하신다. 가치관을 바꾸는 일이 얼마나 어려운지 아신다. 그래서 세심한 배려 속에서 일하신다. 하나님은 벽을 깨는 일을 멈추지 않으신다. 다만 시간이 필요할 뿐이다.

벽이 두꺼울수록 더 많은 시간이 필요하다. 그러나 우리가 기도하면 벽은 반드시 깨진다. 하나님이 일하시기 때문이다. 진리를 막고 있는 벽이 사라지면 복음을 듣고 깨닫는다. 벽을 깨려면 세 단계가 필요하다.

- 복음을 전한다.
- 빛으로 산다.
- 기도한다.

J가 아버지에게 1개월 동안 복음을 전했지만 아버지는 전혀 반응하지 않았다. 그러다가 마지막 날, 집중 기도의 응답으로 예수님을 영접했다. 하지만 이전에 복음을 전한 수고는 헛되지 않았다. 눈에 띄는 변화가 일어나지 않았어도 아버지의 세계관을 흔드는 역할을 했다.

또한 그리스도인으로서 빛으로 살려고 노력한 것도 잘한 일이다. 빛으로 산다는 것이 무슨 뜻인가? 예수님은 우리에게 세상의 빛이 되라고 하셨다(마 5:14-16). 그래야만 사람들이 그 빛을 본다고 말씀하셨다. 빛은 우리의 착한 행실이다. 곧 빛으로 산다는 것은 선한 일을 하는 것이다.

고넬료와 베드로의 만남을 기록한 사도행전 10장은 예수님이 어떤 분인지 명확하게 보여준다. 고넬료는 하나님의 말씀을 듣고 싶어서 베드로를 초청했다. 그는 "주께서 당신에게 명하신 모든 것을 말해달라"라고 베드로에게 부탁했다.

베드로는 고넬료와 함께 있는 사람들에게 예수님을 소개했다. 예수님은 성령과 능력으로 기름부음 받은 분이라고. 그분은 마귀에게 눌린 사람을 고칠 능력이 있는 분이라고. 그분은 선한 일을 하셨다고 증거했다.

> 하나님이 나사렛 예수에게
> 성령과 능력을 기름 붓듯 하셨으매
> 그가 두루 다니시며 선한 일을 행하시고
> 마귀에게 눌린 모든 사람을 고치셨으니
> 이는 하나님이 함께 하셨음이라 행 10:38

베드로는 예수님과 가버나움에서 함께 살았고, 공생애 기간 동안 그분의 제자가 되어 따랐다. 그래서 누구보다도 그분을 잘 알았다. 그런 그가 예수님은 성령 충만하고 능력이 많으시며 선한 일을 하셨다고 증거했다.

선하게 사신 예수님이 우리에게도 선한 일을 하라고 말씀하신다. 그것이 빛으로 사는 것이다. 그리스도인이 선하게 살면서 복음을 전하면 사람을 가둔 벽에 금이 가기 시작한다. 그리고 나서 집중 기도할 때, 하나님의 능력으로 그 벽이 무너진다.

이 세 가지 일을 동시에 해도 되고, 하나씩 차례대로 해도 된다. 순서는 크게 상관이 없다. 그러나 기도를 소홀히 하면 벽이 깨지지 않는다. 비록 흔들리고 금이 간 상태일지라도 계속 남아있다.

복음을 전하면 그 벽의 기반이 흔들린다. 성경과 복음은 진리이기 때문이다. 가까이 있는 그리스도인이 예수님을 믿는 사람으로서 빛으로 살면 그 벽에 금이 간다. 그동안 갖고 있던 기독교에 관한 편견과 고집이 흔들린다. 그리고 마지막 순간에 강력한 기도의 능력이 나타나서 벽이 깨어진다.

가족 구원을 위해 빛으로 살면서 복음을 전하며 기도하는 것은 힘이 있다. K의 가족이 구원받는 과정에서 그것을 배웠다. K의 가족은 혈연으로 맺어진 친가족이 아니다. K의 아버지가 일찍 돌아가셨고, 어머니는 재혼했다.

몇 년 뒤에 어머니가 돌아가셨고, 이번에는 양아버지가 재혼했다. 그래서 부모님 두 분이 모두 친부, 친모가 아니었다. 계모의 어머니도 함께 살았는데, K가 할머니라고 부르면서 가까이하려고 해도 그에게 마음을 주지 않았다.

K는 청소년 시절을 고생하면서 힘들게 보내다가 집에서 나와 독립했다. 정착하는 과정에서 교회의 도움을 받았고, 신실한 그리스

도인이 되었다. K의 가족은 모두 불교를 믿었다. 특히 할머니는 불심이 깊어서 사찰에 자주 갔다.

K는 가족과 혈연관계가 아니어서 굳이 집에 가지 않아도 되었다. 찾아가면 환영받지도 못했다. 명절에 집에 가도 종교가 다르다면서 할머니의 핀잔만 듣고 왔다. 어떤 때는 집에서 허드렛일만 하다가 왔다. 혈연관계가 아니다 보니 동생들과도 쉽게 친해지지 않았다. 가족들은 그에게 더 이상 집에 오지 말라고 했다.

그런데 그가 10월, 연휴가 많은 기간에 또 집에 간다고 했다. 나는 그의 형편을 듣고, 쉬는 날에 우리 집에 있으라고 초청했다. 그런데도 꼭 집에 가야겠다고 해서 이유를 물어보았다. 그가 말했다.

"전혀 알지 못하는 다른 나라에도 선교하러 가는데, 당연히 가까운 가족에게 복음을 전해야죠. 그래서 집에 가려는 거예요. 지난번 가족 모임 때 너무 힘든 일이 있어서 자신이 없지만 그래도 갈 거예요. 집안일을 하더라도 밝은 표정으로 하고, 청소도 더 열심히 하려고 해요. 제가 선한 일을 하면, 언젠가 그들이 예수님을 좋아하게 되겠죠."

K에게는 복음을 전하려는 의지가 분명했다. 또 자기가 그리스도인으로서 좋은 본을 보여야 한다는 부담이 강했다. 자기 외에는 가족 주변에 기독교인이 아무도 없기에 더 잘해야 한다고 했다. 그래서 내가 가족 구원을 위해 무조건 섬기는 것보다 더 중요한 일이 있다고 말해줬다.

그에게 벽을 깨는 기도를 알려주었다. 특히 할머니를 위해 집중기도해야 한다고 말했다. 그는 기도만이 사람을 변화시킨다는 것을 진지하게 받아들였다. 그가 집으로 떠난 날부터 우리 부부는 그와 그의 가족을 위해 기도했다.

그 뒤에 하나님이 하신 놀라운 일을 들었다. K는 집에 도착한 다음 즉시로 방에 들어가서 기도했다. 그러자 전에는 집에 오면 시키지 않은 일까지 하더니, 이번에는 방에 들어가서 나오지도 않는다고 핀잔을 들었다. 그러나 그는 상관하지 않고 기도를 계속했다.

작정한 기도 시간이 끝나자 방에서 나와 웃으며 집안일을 거들었다. 그렇게 시간을 정해놓고 가족을 위해 기도했다. 특히 할머니의 견고한 진이 무너지도록 밤늦게까지 간구했다. 불교의 영향력이 끊어지고 복음을 받아들이도록.

기도한 지 3일이 지났다. 한밤중에 소동이 벌어졌다. 동생이 갑자기 배가 아프다며 뒹굴었고 할머니는 꿈자리가 좋지 않다며 식은땀을 흘렸다. 잠을 설친 할머니는 다음 날 이른 아침부터 사찰을 찾았다.

할머니가 자주 다니던 절이었다. 그 사찰의 주지승과 평소 집안 대소사를 의논해왔다. 할머니는 주지승에게 집안에 어려움이 있다고 말했다. 그리고 한마디 덧붙였다.

"우리 집에 또 다른 손주가 있는데, 그 아이가 교회에 다니면서 이런 일이 일어난 것 같아요. 집에 오지 말라고 해도 자꾸 와서 우리

한테 교회 다니라고 말하는데, 지치지도 않아요. 이번에는 좀 다른 것 같은데 어떻게 하면 좋을까요?"

놀랍게도 할머니는 전혀 예상하지 못한 대답을 들었다.

"그럴 때는 종교를 합치는 것이 좋은데, 그 손주가 불교로 올 것 같지 않으니 그냥 보살님이 교회에 함께 다니세요."

평소에 주지승의 말을 잘 듣던 할머니는 그다음부터 교회에 다니게 되었다. K의 동생도 예수님을 믿고 온 가족이 차례대로 그리스도인이 되었다.

몇 년 동안 복음을 전하고, 기독교인으로서 본을 보이고, 하나라도 더 양보하면서 빛이 되는 삶을 살려고 한 것은 분명 귀한 일이었다. 그 모든 일이 땅에 떨어지지 않고 소중하게 쓰임 받았다. 그러나 무엇보다 기도가 벽을 깼다. 그의 간절한 기도가 영적 변화를 가져왔다. 흔들리고 금이 생겼던 벽이 그의 기도로 완전히 무너졌다.

선한 일은 분명 필요하다. 기독교와 교회가 선한 일을 많이 하고 있다. 실제로 복지 분야에서도 기독교 관련 단체의 예산이 가장 많다. 개발 도상국가에서 활동하는 비정부 기구(NGO)도 기독교 관련 기관이 아주 많다. 그러나 인간적인 노력만으로 변화가 일어나지 않는다. 세계관과 가치관이 바뀌는 진정한 변화는 하나님의 능력으로 가능하다. 우리가 기도할 때 그분이 일하신다.

어버이날에 목숨을 끊으려던 L의 생각은 분명 사단에게서 왔다.

말도 안 되는 일이 일어날 뻔했으니 가족 모두가 충격을 받았다. 부랴부랴 방에 있는 책들을 치웠다. 고등학교를 자퇴했기 때문에 L은 시간 여유가 많았다. 나는 그를 1주일에 한 번 만나서 성경을 공부하고, 다른 날은 성경 읽기 숙제를 주었다.

L은 책 읽는 속도가 워낙 빨라서 성경도 빨리 읽으려고 했다. 그래서 천천히 읽으면서 뜻을 생각해보도록 권했다. 그 사이에 그의 어머니와 동생이 예수님을 믿고 교회에 다니게 되었다. 나는 아들을 위해 기도하는 어머니가 되어야 한다며 기도생활을 권했다. 기도를 어떻게 해야 하는지 모르겠다고 해서 진심을 담아서 하나님께 호소하라고 알려주었다.

그의 아버지도 교회에 출석하며 아들을 위해 기도했다. 부부가 날마다 새벽 기도에 참석했다. 그때부터 아들에게 큰 변화가 일어났다. 자신을 위해 기도하려고 새벽에 교회에 가는 부모님을 보면서 마음이 점점 회복되었다. 벽을 깨는 기도는 큰 소리로 부르짖는 기도만이 아니다. 가족을 사랑하는 간절한 마음으로 하나님께 기도하면 된다.

나는 그와 3개월 동안 성경을 읽었다. 그는 예수님을 영접하고 진정한 그리스도인이 되었다. 그 이후에도 성경을 계속 읽었는데, 내용을 깨닫는 속도가 놀라울 정도였다.

그는 복음 안에서 올바른 성경적 세계관을 갖게 되었다. 또한 그는 검정고시를 보고 대학에 진학하여 행복한 청년이 되었다. 결국 그로 인해서 온 가족이 구원받고 가족 사랑의 행복을 찾았다.

우리는 복음을 정확하게 말해주어야 한다. 이 세상의 각종 이론들은 자체 모순도 많고, 삶의 기준으로도 부족하다. 비진리로 가득한 세상에서 하나님의 말씀을 가족에게 전해야 한다. 그러나 이 모든 것도 기도가 없다면 변화가 없다. 기도하면 벽이 깨진다.

4. 기도로 벽을 깬다

견고한 진을 깨야 하는데, 성경은 그 무기가 사람에게는 없다고 말한다. 한두 마디 말로 사람이 바뀌지 않는다. 논리적인 말이나 친절한 태도로 충분하지 않다는 것을 인정해야 한다.

가족 중에 예수님을 안 믿는 사람이 있는가? 아무리 예수님의 구원을 전해도 상대방이 거절하고 믿지 않으면 복음 전도를 포기하고 싶어진다. 그러나 하나님은 모든 사람이 구원을 받고 진리를 아는데 이르기 원하신다.

하나님은 모든 사람이 구원을 받으며
진리를 아는 데에 이르기를 원하시느니라 딤전 2:4

중보기도는 벽을 깨는 가장 좋은 방법이다. 견고한 진에 갇힌 사람이 스스로 기도하면 좋겠는데, 하나님을 믿지 않기 때문에 기도하지 못하는 경우가 대부분이다. 그래서 그들을 대신해서 누군가 기도해야 한다.

벽을 깨는 일을 안에서 하지 못하기 때문에 밖에서 도와주어야 한다. 이 일이 중보기도다. 그리스도인들이 기도하는 여러 방법이 있지만, 금식 기도와 성령 기도가 벽을 깨기에 가장 효과적이다.

금식 기도

벽을 깨는 첫 출발은 금식하며 회개하는 기도다. 견고한 진은 마귀가 만드는데, 그 안에 갇혔다는 것은 죄를 지었다는 뜻이다. 성경은 죄를 짓는 자는 마귀에게 속했다고 말한다(요일 3:8).

죄를 회개하지 않으면 그 벽이 점점 두꺼워진다. 죄를 회개해야 마귀의 통제에서 벗어날 수 있다. 본인이 회개하면 가장 좋지만, 그 사람을 사랑하는 누군가 대신 회개해도 하나님께서 그 기도를 들으신다.

사도 바울은 이방인에게 복음을 전하는 자로 부르심을 받았다. 그의 사역은 대부분 로마 제국 안에서 이루어졌다. 그러나 그는 같은 민족인 유대인의 구원을 위해 간절히 기도했다. 자기의 죄가 아니지만 대신 회개했다. 심지어 유대인이 구원받을 수만 있다면 자신이 대신 저주받아도 괜찮다는 말도 했다.

내게는 내 동족을 위한 큰 슬픔이 있고,

내 마음에는 끊임없는 고통이 있습니다.

나는, 육신으로 내 동족 내 겨레를 위하는 일이면,

내가 저주를 받아서

그리스도에게서 끊어질지라도 달게 받겠습니다 롬 9:2,3, 표준새번역

모세, 아브라함 등 많은 선지자들이 자기 동족의 죄를 대신 회개했다. 당연한 이야기지만, 본인이 죄를 깨닫고 회개하는 것이 가장 좋다. 그러나 대부분의 전도 대상자들은 자신을 죄인이라고 생각하지도 않고, 죄책감이 있어도 회개하지 않는다. 하나님을 만나지 못했기 때문이다. 누군가 대신 회개하면 하나님의 능력이 일한다. 회개하는 좋은 방법이 금식하며 기도하는 것이다.

몇 주 동안 성경을 공부했는데도 A는 변화가 없었다. 여전히 남편을 욕하고 표정도 밝지 않았다. 모든 일에 관심이 없어져서 집안 청소도 하지 않았다. 집에 찾아가기가 미안할 정도였다.

하지만 아이들 때문에 밖에서 만나기도 어려웠다. 그리고 성경 공부의 진도도 쉽게 나가지 못했다. 우리를 만나는 것은 좋아했지만 거기까지였다. 영적 돌파가 필요했다.

그 가정을 위해 1주일 동안 작정하고 본격적으로 금식하며 기도했다. 먼저 A가 남편을 용서하고, 남편이 자기의 죄를 회개하도록

기도했다. 그러나 A의 남편이 자기의 죄를 회개할 것 같지 않았다. 죄라고 생각도 하지 않을 것이 분명했다.

우리가 대신 남편의 죄를 회개했다. 본인이 회개하는 것과 비교하면 부족하지만, 가정 변화의 출발로는 충분했다. 더불어 그를 붙들고 있는 도박의 영을 대적했다.

작정 기도가 끝난 뒤, 아내가 A와 성경 공부를 하고 돌아와서 전해주는 말이 놀라웠다. 지난 주말에 A의 남편이 집에 들어오더니 갑자기 아이들이 보인다고 말했다고 한다. 그러면서 아이들에게 햄버거를 사주겠다고 데리고 나갔단다.

남편의 눈에서 마치 비늘이 벗겨진 것 같았다. 그동안 그의 눈에 가족은 보이지 않고 오직 돈과 도박장만 보였다는 말이 이해되었다고 했다.

우리 주변에 실제로 가족에게 관심이 없는 가장이 있다. 눈에 보이지 않아서 그럴 수 있다. 어떻게 아빠 눈에 자녀가 보이지 않냐고 싸울 필요가 없다. 벽에 갇혀있는 사람은 가족이 보이지 않을 수 있다. 그날 그 집 아이들은 아빠가 사주는 햄버거를 처음 먹었다.

더 큰 변화는 A에게 일어났다. 성경 공부가 끝날 무렵에 누군가에게 전화가 왔다. 그녀는 친절하고 부드러운 목소리로 전화 통화를 했다. 그러더니 전화를 끊고 수줍은 듯 "남편이에요"라고 말했단다. 그렇게 부드럽게 말하는 것을 처음 들었다고 아내가 말했다. 우리는 금식 기도의 능력을 또 한 번 경험했다.

하나님이 그 가정을 긍휼히 여기시고 우리의 기도를 들어주셨다. A의 가정에 변화가 시작되었다. 그녀는 성경 공부를 인도하는 아내에게 처음으로 음식을 차려주고, 집 안을 청소했다. 아이들의 표정도 부쩍 밝아졌다. 나도 A의 남편을 따로 만났다. 그 가정이 교회에 다니도록 천천히 도와주었다. 먼저 담임목사님 부부를 소개했다. 목사님은 기회가 있을 때마다 아이들에게 맛있는 밥을 사주었다.

그리고 전교인 체육대회 겸 소풍이 있는 날, 드디어 A의 가족이 교회 모임에 참석했다. 아이들이 친구들과 뛰어놀고, 가족이 교회 성도들과 자연스럽게 어울렸다. 담임목사님이 그들을 성도들에게 소개해주어서 어색하지 않은 시간을 보냈다. 몇 달 만에 처음으로 웃어보았다고 A가 말했다.

그다음 주에는 예배에 참석했다. 가족 모두 태어나서 처음으로 교회에 왔다. 성경 공부도 힘이 되었지만, 무엇보다 금식하며 마귀를 대적하고 대신 회개하는 중보기도 시간에 돌파가 일어났다. 금식 기도는 벽을 무너뜨리는 힘이 있다.

우리가 금식하면서 기도한 것은 성경 말씀을 믿기 때문이다. 금식에 관한 성경 본문 중에서 나는 이사야 58장과 요엘 2장을 자주 읽는다. 하나님이 기뻐하는 금식은 흉악의 결박을 풀어준다. 남편이 가족을 부양하지 않고 도박에 빠져있는 것처럼 흉악한 일이 어디 있겠는가. 또 금식은 압제당하는 사람을 자유롭게 한다. 모든 멍에를 꺾는 능력이 있다. A의 남편은 벽에 갇혀있었기 때문에 스스로 나올 수 없었다. 밖에서 그 벽을 깨어주어야 했다. 그것이 압제당하는 사람을 자유롭게 하는 일이다. 한 사람을 벽에서 나오게 할수만 있다면 금식하는 수고는 얼마든지 할 수 있다.

금식 기도는 음식을 먹지 않고 기도에만 집중하는 시간이다. 몇끼를 금식하든 금식 자체는 생명을 거는 일이라 쉽지 않다. 평소에는 식사 때를 놓쳐도 괜찮은데 금식하기로 결심한 순간부터 배가고파진다. 힘든 만큼 성령의 역사가 있다.

음식을 먹지 않는 것만이 금식 기도가 아니다. 기도에 집중하기위해 자기가 평소에 좋아하던 무엇인가를 끊고 기도하면, 그것이금식 기도다. 나는 커피를 좋아하는데 2년 동안 커피 금식을 했었다. 음식을 먹지 않는 금식보다 더 힘들었지만, 결국 기도 응답을받았다.

자녀들이 스마트폰에서 벗어나기를 원한다면 부모가 먼저 미디어 금식을 해야 한다. 많은 사람이 걸어가는 넓은 길을 포기하고, 생명으로 인도하는 좁은 문으로 들어가야 한다.

금식 기도하면 확실한 변화가 있다. 마음을 찢고 하나님께 돌아오면 하나님은 뜻을 돌이키시고 복을 주신다. 거룩한 예배가 회복되고, 이른 비와 늦은 비를 적당하게 보내주셔서 타작마당에 곡식이 가득하고 기름이 넘치게 된다. 금식하면서 하나님의 은혜를 구하는 사람은 영원히 수치를 당하지 않고 풍성한 응답을 받는다(욜 2:12-27).

성령 기도

목포지부의 예수전도단 화요모임에서 B를 처음 만났다. 그날 나는 설교하면서 섬에서 전도하고 교회 개척한 이야기를 간증했는데, B가 모임이 끝난 후에 나를 찾아왔다. 추석 명절이어서 예배 참석자가 많지 않았고, 설교를 유난히 잘 들어서 눈에 띄던 자매였다. 그녀는 내가 사역한 섬이 자신의 고향 근처라며 반가워했다.

나는 청년 시절에 서해안의 한 섬에서 복음을 전하며 교회를 개척했다. 몇 달 되지 않은 사역 기간에 비해서 전도 열매가 좋았다. 그곳은 작은 섬이어서 여객선이 들어오지 않았다. 배로 한 번에 갈 수 없고, 마중 나온 주민의 배를 타고 가거나 아니면 걸어가야 했다. 나는 주로 걸어 다녔다. 섬의 위치가 특이했다. 섬을 건너가는 길이 큰 섬과 연결되어 있었다.

물때에 따라 길이 바닷물에 잠기거나 드러났다. 길이 물 밖으로 나와야 내가 사는 섬으로 건너갈 수 있었다. 물이 빠지기를 기다리면서 나는 근처에 있는 마을에 들어가 전도를 했다. 그 마을이 바로 B의 고향이었다. 그런데 그 마을은 전혀 복음에 반응하지 않았다. 이상할 정도로 주민들이 전도를 거부했다.

B가 자기 마을에 어떤 일이 있었는지 자세히 알려줬다. B는 목포에서 고등학교에 다닐 때 예수님을 영접하고 교회에 다녔다. 성령의 은사 체험도 했다. 그녀는 섬마을 전체에서 처음으로 예수님을 믿었는데 핍박을 심하게 받았다. 해마다 풍어를 기원하는 제사를 주

민들이 함께했고, 미신도 많이 믿어서 기독교를 배척하는 마을이었기 때문이다.

마을 사람들이 대부분 친척이었는데, B의 큰아버지의 영향력이 가장 컸다. 큰아버지는 그녀가 기독교인이 되었다는 소식을 듣고 교회에 다니지 말라고 강하게 말렸다. 말을 듣지 않자 학교에 못 다니게 했고, 섬에 있는 집에도 못 오게 했다.

결국 B는 고등학교를 중퇴하고 집을 떠나 공장에서 일하며 고생을 많이 했다. 명절이 되면 공장 기숙사에 있을 수 없어서 친구의 빈 자취방에 있을 때가 많았다.

그해에는 직원들이 고향에 가도록 공장에서 대절 버스를 제공했는데, 그 버스를 타지 않을 수 없어서 목포까지 왔다고 했다. 고향 집에는 가지도 못하고 목포에 며칠 있다가 다시 대절 버스를 타고 일하는 곳으로 돌아갈 예정이었다. 그런데 갑자기 화요모임 생각이 나서 왔다고 했다.

"간사님, 어떻게 하면 좋을까요? 집에 오고 싶으면 신앙을 포기하라고 해요."

"혹시 가족을 위해 어떻게 기도하나요?"

"기도하려고 했는데, 기도가 안 나와요. 어떻게 해야 할까요?"

B는 가족을 위해 기도하지 않고, 원망과 상처 속에 있었다. 상한 마음이 이해가 되었다. 그녀는 마을 어른인 큰아버지보다도 자기 아버지에게 상처를 더 많이 받았다. 아버지가 딸을 보호해주지 않

고 큰아버지의 결정을 지켜보기만 했기 때문이다. 몇 년 동안 집에 못 가다 보니 외롭고 서러워서 완전히 심신이 지쳤다고 했다.

나는 그녀를 위로하며 기도의 중요성을 알려주었다. 특히 가정과 마을에서 예수님을 믿는 첫 사람의 기도가 얼마나 힘이 있는지, 내가 아는 한 사람의 예를 들어 이야기했다.

내가 있던 섬에서 예배가 시작되고 몇 주 안 되었을 때, 인천에 있는 어느 교회의 집사님이 나를 찾아왔다. 그는 고향을 떠난 후에 예수님을 믿었는데, 고향 부모님과 마을 어르신과 주민들이 예수님을 믿도록 늘 기도했다고 말했다. 그러던 중에 청년 한 명이 자신의 고향 섬에 와서 복음을 전하고 있다는 소식을 듣고 너무 기뻐서 나를 찾아왔다고 했다.

그는 내게 감사하다고 했고, 나도 이곳에서 감사한 일이 많다고 했다. 그가 마을에서 가장 먼저 예수님을 믿은 사람이었다. 자기 마을과 가족의 구원을 위해 오랫동안 쉬지 않고 기도했다.

그는 하나님이 자신의 기도에 대한 응답으로 복음을 전하는 청년을 보내주셨다며 좋아했다. 마침내 그의 가족과 마을 사람들이 복음을 듣게 되어 정말 기쁘다고 했다. 그의 이야기를 B에게 해주었다.

내 말을 들은 B는 복음의 통로가 되어야 할 자신이 도리어 마을을 영적으로 꽁꽁 묶고 있었다는 사실을 알았다며 후회했다. 그래서 자기 마을에 전도의 문이 열리지 않은 것 같다며 상한 감정을 내려놓고 아버지와 친척들을 용서해야겠다고 말했다.

나는 성령으로 기도하는 것이 무엇인지를 좀 더 설명했다. 그리고 로마서 8장을 함께 읽었다. 성령은 하나님의 영이기 때문에 하나님의 뜻을 가장 잘 아신다. 그래서 그분을 따라 기도하면 하나님의 뜻을 따라 기도하는 것이다. 성령은 기도하는 분이면서 동시에 기도를 인도하는 분이다.

성령은 우리의 연약함을 도우신다. 마땅히 기도할 바를 알지 못할 때 오직 성령이 말할 수 없는 탄식으로 우리를 위해 친히 간구하신다. 우리 마음을 살피면서 하나님의 뜻대로 우리를 대신하여 구하신다. 그러면 우리는 하나님의 뜻 안에서 기도하게 된다.

이와 같이 성령도 우리의 연약함을 도우시나니
우리는 마땅히 기도할 바를 알지 못하나
오직 성령이 말할 수 없는 탄식으로
우리를 위하여 친히 간구하시느니라
마음을 살피시는 이가 성령의 생각을 아시나니
이는 성령이 하나님의 뜻대로
성도를 위하여 간구하심이니라
우리가 알거니와 하나님을 사랑하는 자
곧 그의 뜻대로 부르심을 입은 자들에게는
모든 것이 합력하여 선을 이루느니라 롬 8:26-28

내가 B에게 말했다.

"이제부터라도 고향과 부모님과 친척을 위해 기도하세요. 기도하지 않으면 마을에는 변화가 없어요. 무엇을 위해 어떻게 기도해야 할지 모를 때는 기도의 내용까지 성령께 맡기며 방언으로 기도하면 효과적입니다. 방언이 안 되면 떠오르는 사람을 생각하면서 '주님…' 하며 이름만이라도 부르세요."

B는 성령으로 기도하기로 약속하고 화요모임을 떠났다.

우리가 살면서 어떻게 기도할지 모를 때가 많다. 가족들의 정확한 기도제목을 모를 때도 있고, 감정이 정리되지 않아서 기도할 마음이 일어나지 않기도 한다.

아내도 어머니의 삼우제 음식을 준비하면서 어떻게 기도해야 할지 몰랐다고 한다. 그래서 감정과 기도 내용까지 성령께 맡기고 사흘 동안 방언으로만 기도했다고 한다. 그 기도가 어머니의 평생 기도와 합쳐져서 첫 가정예배를 드리게 되었다.

PART 3

가족 구원과
가정 회복을 위한
중보기도 5단계

찬양과 감사로 시작한다

찬양하면 어둠이 떠나간다

이스라엘의 찬송 중에 계시는 주여

주는 거룩하시니이다 시 22:3

주님은 찬송 중에 거하신다. 우리가 찬양하면 그곳에 임하신다. 거룩한 빛으로 주님이 임재하시면 어둠은 사라진다. 깜깜한 방에서 전등 스위치를 누르면 방안이 금세 환해지는 것처럼 우리가 찬양하면 영적 어둠이 도망간다.

나 혼자 예수님을 믿다가 엄마가 주님께 돌아왔다. 엄마가 예수님을 믿은 뒤, 열두 번의 제사를 몰아서 합동제사로 지냈다. 조금 지나서는 그마저도 추도예배로 바꿨다. 그 과정에서 아버지의 반대가 심했다. 그뿐 아니라 엄마는 십일조를 꼬박꼬박 했고, 필요를 따라 자원해서 헌금도 했다. 돈은 아버지가 벌고 헌금은 엄마가 하니 아버지의 핍박은 어쩌면 당연했다. 두 분이 갈등하고 다투면서 집안 분위기가 어두워졌다.

그래서 나는 방학에 집에서 혼자 찬송을 부르며 예배를 드렸다. 찬송가 1장부터 부르다가 마음을 울리는 가사가 있으면 몇 번이고 불렀다. 그때마다 내 안에 있는 절망과 근심이 먼저 사라졌고, 부모님의 싸움이 멈췄다. 이런 경험을 통해 집에서 드리는 예배의 중요성을 알게 되었고, 온 가족이 드리는 가정예배를 간절히 소망했다.

예배는 힘 있는 기도다. 예배라는 말에는 찬송과 기도가 포함되어 있다. 찬송은 예배이면서 동시에 하나님의 뜻을 이루는 강력한 기도다. 나는 이 사실을 사도행전 16장의 바울과 실라를 통해 확인했다.

바울과 실라는 모진 매를 맞은 뒤, 냄새나고 어두운 지하 감옥에 갇혔다. 죄를 지어서 갇힌 것이 아니라 복음을 전하고 사람을 어둠에서 구하는 일을 하다가 그렇게 되었다. 오늘날 그리스도인도 그런 상황에 처할 수 있다. 예수를 믿고 복음을 전한다는 이유로 어떤 곳에서는 삶의 터전을 잃고 목숨의 위협을 받기도 한다.

직장과 사회로부터 몰이해를 받기도 하고, 적당히 신앙의 타협을 종용받기도 한다. 또 어떤 사람들은 가족에서 소외되고 온갖 핍박을 받는다. 정도의 차이가 있지만 믿음을 지키며 사는 삶의 위협은 같다. 신앙을 타협할 것인가, 지킬 것인가? 예수를 시인할 것인가, 부인할 것인가? 바울과 실라가 그 해답을 보여준다.

한밤중에 바울과 실라가 기도하고
하나님을 찬송하매 죄수들이 듣더라
이에 갑자기 큰 지진이 나서
옥터가 움직이고 문이 곧 다 열리며
모든 사람의 매인 것이 다 벗어진지라 행 16:25,26

그들은 다음 날 죽을 수도 있는 상황에서 기도하고 찬양했다. 발이 묶인 채로 더러운 감옥에서 하나님을 예배했다. 그들이 기도하고 찬양하는 중에 갑자기 지진이 나며 모든 사람의 묶인 것이 다 풀어졌다.

죄수들이 전부 탈출한 줄 알고 간수가 자결하려 하자, 바울과 실라가 말렸다. 간수는 어떻게 하면 구원을 얻을 수 있는지 물었고 그리스도인이라면 잘 알고 있는 그 유명한 말씀이 탄생했다.

주 예수를 믿으라
그리하면 너와 네 집이 구원을 받으리라 행 16:31

그리스도인이 생명의 위협 앞에서도 신앙을 지키고 상황을 이길 수 있는 방법이 있다. 사회의 몰이해를 받더라도 믿음을 지키며 복음을 전할 수 있다. 소외와 핍박 가운데서도 가족의 구원을 이룰 수 있다. 그 방법은 바로 찬양과 기도다.

찬양과 기도를 통해 바울과 실라가 풀렸고, 다른 죄수들의 묶인 것도 풀렸다. 그리고 간수의 집안 전체가 구원을 받았다. 이 일이 유럽 복음화의 중요한 기반이 되었다.

하나님을 찬양하며 기도할 때 우리만 살아나는 것이 아니다. 주변의 어둠이 사라지고, 나라와 사회와 가족을 묶고 있는 것이 풀어지며 구원의 역사가 이뤄진다.

찬양의 능력

우리 부부는 1980년대 후반부터 대학생 사역을 했다. 사역 초기에 한 팀을 우상 숭배가 심한 나라로 전도여행을 보냈다. 한국교회에서 단기 선교여행을 시작하던 시기였다. 그 팀을 보내며 다른 일은 못해도 반드시 한 가지는 하고 오라고 말했다.

"하나님은 모든 나라를 다스리는 왕이다. 온 세상에서 예배 받기에 합당하신 분이다. 그럼에도 하나님이 아닌 다른 존재가 예배 받는 곳이 너무 많다. 그러니 너희는 발로 밟는 곳마다 하나님이 왕이신 것을 선포하고 찬양하며 예배해라."

그 팀이 돌아와서 선교 보고를 했다. 전도여행 팀이 사역한 도시에 고등학교가 있었다. 그 지역에 교회가 없어서 복음을 들은 사람도 거의 없었다. 팀의 리더가 학교에 들어가서 교장선생님에게 인사를 했다.

"우리는 한국에서 온 기독교인 대학생인데, 이 학교 학생들과 모임을 해도 되나요?"

"무엇을 하려고 합니까?"

"찬양을 가르쳐주려고 합니다. 가능하면 기독교를 소개하는 집회도 하고 싶습니다. 이 학교에서 하나님을 예배하고 싶어서 허락을 받으러 왔습니다."

그 지역의 종교적 상황을 볼 때 말도 안 되는 요구였다. 그런데 팀의 리더가 예의를 갖추어 말해서인지 교장선생님도 정중하게 거절했다. 종교의 자유가 있지만, 기독교 예배는 허락할 수 없다고. 그런데 거듭 부탁하는 전도여행 팀을 학교에서 빨리 내보내고 싶었는지 그가 제안했다.

"운동장 건너편에 있는 학교 강당에서 당신들끼리 당신들의 신에게 예배하고 가세요."

할 수 없이 단기선교 팀은 강당에서 하나님을 예배했다. 기도하며 찬양했다. 주님의 성품과 주님이 하신 일을 높이는 찬양을 했다. 그런데 그 시간에 건너편 교실에서 수업을 받던 학생들이 갑자기 쓰러졌다. 선생님들은 수업을 진행할 수 없었고, 소동이 벌어졌다. 교장선생님도 소식을 듣고 달려왔다.

잠시 상황을 지켜보던 그가 강당으로 사람을 보냈다. 한국 학생들이 그곳에서 예배하고 있다는 것을 교장선생님 외에 누구도 알지 못했다. 그가 전도여행 팀을 교실로 초청해서 도움을 요청했다. 전도 팀이 찬양하면서 기도해주자 쓰러졌던 학생들이 정신을 차리고 일어났다. 수업 시간에 쓰러진 학생들은 같은 마을에 살았다. 그 마을에는 귀신을 불러들이는 축제가 있었고, 그들의 부모가 우상숭배를 많이 했다.

교장선생님은 원하는 학생들에게 강당에서 한국 팀과 함께 예배하는 것을 허락했다. 많은 학생이 참석해서 하나님을 찬양하는 노래를 배우고, 춤을 추며 함께 예배했다.

수업이 끝난 후, 학생들이 사는 마을로 전도여행 팀이 함께 갔다. 그리고 숙소를 정하자마자 하나님을 찬양하면서 예배했다. 이번에는 마을 어른들이 골목에서 쓰러지며, 귀신이 떠나갔다. 복음을 전하러 간 그리스도인들의 예배를 통해 사람들이 어둠에서 풀려났다.

주님의 이름을 높이는 것이 찬양이다. 우리의 찬양을 통해 그분이 하신 일과 성품이 높임을 받는다. 뿐만 아니라 찬양은 어둠을 이기는 강력한 무기이다. 우리가 찬양하면 빛이신 주님이 임재하신다. 빛이 임하면 어둠은 사라진다.

어둠이 사라져야 그 안에 사는 사람들이 진리를 제대로 볼 수 있다. 예수님을 잘 받아들일 수 있다. 그러므로 전도할 때는 반드시 예배를 먼저 해야 한다.

누구든지 가족 구원을 바라고 전도하기 원한다면 먼저 집에서 예배하며 찬양해야 한다. 혼자 믿어도 먼저 시작하면 된다. 한 사람이라도 예수님을 가정의 주인으로 인정하고 예배하면, 주님이 그 집의 주인이 되신다. "너와 네 집이 구원을 받는다"는 약속이 성취된다.

가정예배를 드리면서 어려움을 극복한 한 부부 이야기를 소개한다. 남편과 아내는 예수님을 믿고 교회 봉사를 열심히 했다. 그러나 집에서 예배할 생각은 못했다. 특히 남편이 가정예배에 소극적이었다. 집에 들어오면 TV를 시청하거나 영화를 보며 쉬길 원했다. 또한 스포츠 중계를 무척 즐겼다. 때로는 좋은 음향 시스템을 갖추고 대중가요를 들으면서 스트레스를 풀었다.

그런데 그 가정에 다른 사람에게 말 못할 고민이 있었다. 학교에서 돌아오면 도무지 방에서 나오지 않는 아들이 있었다. 그가 방에서 무엇을 하는지 알 수 없는 부모는 몹시 답답했다. 아버지와 대화를 끊은 지는 오래되었고, 점점 엄마에게도 말을 하지 않더니 결국 학교도 그만두었다.

세미나에 참석한 그 부부는 우리에게 조언을 구했다. 우리는 가정에서 예배하길 권했다. 그리고 얼마 뒤에 다시 만나 가정의 변화에 대해 물으니 상황이 더 나빠졌다고 했다. 가정예배는 남편이 원하지 않아서 못하고 있고, 아들은 아예 방에서 나오지 않는다고 했다.

끼니를 아들 방문 앞에 갖다놓으면 아무도 없을 때 가지고 들어가 밥을 먹었다. 아버지도 아들의 상황을 심각하게 생각했다. 우리는 가정예배를 드리라고 다시 한번 권하고 헤어졌다.

몇 년이 지난 뒤, 그들을 다시 만났다. 청년이 된 아들은 여전히 방에만 있고, 사회생활은 전혀 하지 않는다고 했다. 그들도 아들의 얼굴을 본 지 오래되었다고 했다.

우리는 함께 하나님의 긍휼을 구하며 주님의 뜻을 묻는 기도를 했다. '하나님은 찬양 받으시기에 합당하신 분'이라는 말씀으로 응답을 받았다. 그날부터 그들은 가정예배를 시작했다. 날마다 시간을 정해놓고 주님을 찬양했다.

그러던 어느 날, 아들이 방에서 나오더니 밥을 달라고 했다. 오랜만에 아들의 모습을 본 엄마는 가슴이 뛰었다. 야위고 수척한 모습에 눈물이 쏟아졌지만 아무 일도 없었다는 듯이 밥을 차려주었다.

아들은 조금씩 활동 반경을 넓히더니, 1개월 만에 집 밖에도 나갔다. 지금은 잘 살고 있다. 부모의 찬양이 가정의 영적 분위기를 바꾸었고, 아들의 마음까지도 열었다.

1. 당신이 가장 좋아하는 찬양의 가사를 적어보자.

  예) 〈393장 오 신실하신 주〉

  오 신실하신 주 내 아버지여 늘 함께 계시니 두렴 없네

  그 사랑 변찮고 날 지키시며 어제나 오늘이 한결같네

  오 신실하신 주 오 신실하신 주 날마다 자비를 베푸시며

  일용할 모든 것 내려주시니 오 신실하신 주 나의 구주

2. 가장 마음에 다가오는 가사에 밑줄을 그어보자.

〈96장 예수님은 누구신가〉

예수님은 누구신가 우는 자의 위로와
없는 자의 풍성이며 천한 자의 높음과
잡힌 자의 놓임 되고 우리 기쁨 되시네

예수님은 누구신가 약한 자의 강함과
눈먼 자의 빛이시며 병든 자의 고침과
죽은 자의 부활 되고 우리 생명 되시네

예수님은 누구신가 추한 자의 정함과
죽을 자의 생명이며 죄인들의 중보와
멸망자의 구원 되고 우리 평화 되시네

예수님은 누구신가 온 교회의 머리와
온 세상의 구주시며 모든 왕의 왕이요
심판하실 주님 되고 우리 영광 되시네

3. 아래 성경구절을 큰 소리로 세 번 읽어보자.

    한밤중에 바울과 실라가 기도하고 하나님을 찬송하매
    죄수들이 듣더라 이에 갑자기 큰 지진이 나서 옥터가 움직이고
    문이 곧 다 열리며 모든 사람의 매인 것이 다 벗어진지라

    행 16:25,26

4. 당신에게 하나님은 어떤 분인지 쓰고 크게 외쳐보자.

    예) "하나님은 좋은 분이십니다."

    "하나님은 나를 사랑하십니다."
    "하나님은 나의 구원자이십니다."
    "하나님은 나를 지키는 분이십니다."
    "하나님은 나를 인도하는 선한 목자이십니다."

5. 아래 말씀을 다른 종이에 옮겨 적고 집 안의 곳곳, 냉장고와 식탁 그리고 책상 앞에 붙여라. 성경구절을 볼 때마다 소리 내어 읽고 선포하라. 이 말씀을 약속으로 붙잡고 이뤄질 때까지 기도하자.

주 예수를 믿으라

그리하면 너와 네 집이 구원을 받으리라 행 16:31

6. 요일과 시간을 정하고 가정예배를 시작하라. 혼자 예배드려도 괜찮다.

(   )요일 (   )시

감사가 기도의 문을 연다

세 민족이 연합해서 유다를 침공한 이야기가 역대하 20장에 기록되어 있다. 유다 왕은 적의 위협에 떨며 주님께 엎드렸다. 그는 하나님의 구원에 대한 약속을 받고 "진군하되 맨 앞줄에 노래하는 사람들을 세우라"는 전략을 세웠다(14-21절).

전쟁하러 가는데 찬양대를 앞세우는 것은 말도 안 되는 전략이지만 백성들은 왕의 명령과 하나님의 약속에 순종했다. 그들이 찬양을 부르자 복병이 나와서 적을 섬멸했다. 유다는 완벽한 승리를 거두었다. 그때 그들이 부른 찬양 가사는 이것이었다.

"여호와께 감사하세 그의 인자하심이 영원하도다"(21절).

호전적인 행진곡이나 군인의 사기를 돋우는 군가도 아니었다. 그저 하나님의 성품에 감사하는 찬양을 했을 뿐인데 복병이 나와서 큰 군대를 물리쳤다. 그렇게 유다는 전쟁에서 승리했다.

1부에서 소개한 것처럼 남편은 어린 나이에 아버지를 잃었다. 집안 살림은 급격하게 기울었고, 가족은 모두 흩어졌다. 큰아들인 아주버니는 집안을 다시 일으켜야 한다는 책임감으로 열심히 공부했지만, 몸이 아파서 꿈을 이루지 못했다. 기대를 걸었던 두 동생이 선교단체 간사가 되자, 그는 화가 나서 연락을 끊었다.

나는 시댁의 변화와 회복을 위해 오랜 세월 기도했다. 특히 아주버니를 위해 많이 기도했다. 지칠 때면 기도에 대한 책을 읽었는데,

어느 책에 가족 구원을 위해 기도한다면 먼저 '감사 기도'를 하라고 쓰여있었다. 하나님이 가족으로 보내주셨다는 주권에 대한 인정이 바로 감사 기도라고 했다.

믿지 않는 가족을 위해 왜 기도하는지 생각해봐야 한다. 자신의 유익 때문인지 아니면 다른 무엇 때문인지. 하나님은 믿지 않는 사람도 절절히 사랑하신다. 사랑하기에 그를 구원하기 원하신다. 하나님은 그 존재 자체에 관심이 있으시다. 그런 하나님의 관점과 마음으로 감사 기도를 하라는 내용이었다.

책을 읽으며 나도 하나님의 관점이 아닌 내 관점으로 아주버니의 구원을 위해 기도하고 있었음을 깨달았다. 그가 예수를 믿으면 가족이 다 같이 모일 수 있고, 우리 사역을 인정받을 수 있다는 생각 때문이었다. 어쩌면 좀 더 편하게 신앙생활을 하려고 그의 구원을 바라는 것이 아닌지 생각하게 되었다.

남편도 마찬가지였다. 선교단체 지도자로서 깨어진 형제 관계는 드러내고 싶지 않은 부끄러움이었다. 그래서 빨리 형님이 예수를 믿었으면 했다. 우리는 잘못된 동기를 깨닫고 그것을 버렸다. 시어머니와 아가씨에게도 알려주었다.

"이제부터 기도 내용을 바꿉시다. 감사하며 기도합시다."

그러나 이런 기도를 편한 마음으로 하기는 쉽지 않았다. 주로 주변에서 들은 이야기로 형성되었지만, 내게 아주버니에 대한 선입견과 편견이 있었다. 아주버니 때문에 가족들이 편하게 만나지 못하는 것을 이해할 수가 없었다. 아주버니 몰래 어머님을 만나는 날이면 왜 이렇게 살아야 하는지 원망도 했다. 그래서 그가 구원받기는 원했지만 감사 기도는 하지 못했다.

그런데 가족 구원과 가정 회복을 원한다면 가장 먼저 감사 기도를 해야 한다니…. 처음에는 의지적으로 기도했다.

"그 분이 제 아주버님이어서 감사합니다."

남편도 아가씨도 감사하며 기도했다.

"형님이 제 형이어서 감사합니다."

"제 오빠로 보내주셔서 감사합니다."

어머님도 감사하며 기도했다.

"제 아들로 주신 것 감사합니다."

이렇게 감사하며 기도하다 보니 정말 감사할 일들이 생각나서 의지를 넘어 진심으로 감사하게 되었다. 그렇게 기도를 계속하던 중에 아주버니로부터 연락이 왔다. 가족이 헤어진 지 13년 만에 다시 만났다.

그런데 결혼식 이후에 처음 만난 그는 내 예상과 전혀 달랐다. 부드럽고 친절하고 신사적이었다. 나는 어머니께 조용히 여쭈었다.

"제가 그동안 듣던 그런 분이 아닌데요. 정말 좋은 분이에요."

어머님도 영문을 모르겠다며 말씀하셨다.

"그러게 말이다. 얼마 전부터 갑자기 부드러워졌어."

나는 알았다. 가족이 감사 기도를 시작한 때부터 그가 변화되었다는 것을. 지금 아주버니는 마음이 부드럽고 너무나 따뜻하다. 그에 대한 감사 기도는 개인의 변화를 넘어 가정 안에 놀라운 평화를 가져왔다.

가족 구원과 회복을 위한 효과적인 기도 방법은 찬양과 감사 기도다. 하나님은 우리의 찬양 중에 임하시고 감사의 예배를 기뻐하신다. 우리가 하나님을 찬양하고 감사를 드리면 사단은 귀를 막고 도망간다. 절망과 근심도 함께 떠난다.

2016년에 막내아들이 대학수학능력 시험에 응시했다. 결과는 예상 밖이었다. 평소 실력보다 훨씬 낮은 점수를 받았다. 마음을 추스르기 힘들었다. 그때 나는 "주님, 감사합니다. 주님은 선하시고 주님의 인자하심은 영원하십니다"라고 감사를 드렸다.

아들의 수능 점수와 대학 입학 여부와 상관없이 주님의 선하심은 변함이 없고, 그분의 인자하심은 영원하다. 이것이 감사를 드리는 이유다. 나는 아들이 재수하고 다시 수능을 준비하는 내내 소망 중에 감사 기도를 했다(아들은 올해 자기가 원하는 대학에 진학했다).

지난해에는 동생이 뇌졸중으로 쓰러졌다. 말할 수 없이 힘들었다. 그럼에도 불구하고 기도했다.

"주님은 선하시고 주의 인자하심은 영원하십니다."

기도함으로 어둠의 공격을 막았다. 절망적인 순간에도 힘을 내서 끝까지 동생의 회복을 도울 수 있었다. 만약 내가 원망하고 절망했다면 동생을 돕지도 못하고 나 자신이 쓰러졌을 것이다. 그렇게 사단에게 승리를 안겨주었을지 모른다. 그러나 나는 어떤 상황에서도 마귀를 기쁘게 하고 싶지 않았기에 하나님을 높이며 기도했다.

　어려운 일이 있을 때 승리하는 최고의 기도는 감사와 찬양이다. 그럴 때 주님 안에서 모든 것이 합력하여 선으로 바뀌는 은혜도 받게 된다.

1. 다음 문장을 큰 소리로 다섯 번 이상 읽어보자.

"주님 감사합니다. 주님은 선하시고, 주님의 인자하심은 영원하십니다."

2. 구원과 회복을 위해 기도하고 있는 가족은 누구인가? 그에 대한 감사를 열 가지 이상 적어보라.

예) 믿지 않는 남편에 대한 감사

1) 우리 집에서 구역예배 드리는 것을 허용해주어서 감사합니다.

2) 주일에 교회 밖에서 나를 기다려주고 운전을 해주어서 감사합니다.

3) 가족을 위해 사회생활의 어려움을 잘 견뎌서 감사합니다.

4) 아침에 상쾌하게 일어나서 감사합니다.

5) 이 사람을 제 남편으로 주셔서 감사합니다.

6) 주말에 집안일을 도와주어서 감사합니다.

7) 내가 만든 김치찌개가 맛있다고 말해주어서 감사합니다.

8) 술 드시는 친정아버지와 대화가 통해서 감사합니다.

9) 담배를 끊기 위해 노력해서 감사합니다.

10) 아이들과 놀아주려고 애써주어 감사합니다.

3. 오늘 가장 기분 좋은 일은 무엇인가? 가족과 식탁에서 나누자.

묶고 풀며 기도한다

가정 회복을 위한 기도 방법 두 번째는 '묶고 푸는 기도'다. 예수님은 천국의 열쇠를 우리에게 주셨다. 사단을 묶고 사람을 푸는 권세가 우리에게 있다(마 16:18,19). "예수 그리스도의 이름으로 명한다. 떠나가라!"라고 믿음으로 명령하고 대적하면 마귀의 손과 발이 묶인다. 묶여있으니 더 이상 활동할 수 없다. 단순한 명령이지만, 이를 행하는 것과 하지 않는 것은 큰 차이가 있다. 가족을 위해 기도하면서 믿음을 갖고, 이 권세를 사용해야 한다.

- 사단의 활동을 묶는다.
- 가족을 용서하며 품어준다.
- 사랑을 표현한다.

사단의 활동을 묶는다

가정을 회복하려면 사단이 활동하지 못하도록 꽁꽁 묶어야 한다. 물론 가정에서 일어나는 안 좋은 일이 모두 마귀 때문만은 아니다. 대부분 가족에게 원인이 있다. 그러나 마귀가 한 일도 있다.

몸이 아픈 이유도 여러 가지이다. 보건 위생을 소홀히 했거나 영양결핍일 수 있다. 유전적인 요인이나 운동 부족도 크다. 그러나 어떤 경우는 영적인 공격으로 아프기도 한다.

교통사고를 비롯한 여러 종류의 사고도 마찬가지다. 과속 운전을 하거나 운전자가 전방을 주시하지 않으면 사고가 난다. 그러나 악한 영이 활동한 결과일 때도 있다. 가족 간의 갈등과 다툼도 이와 똑같다. 대부분 사람의 잘못으로 생기지만 마귀의 활동도 무시할 수 없다.

사단은 사람이 복음을 듣지 못하도록 필사적으로 일한다. 세계 복음화를 가로막는 활동을 줄기차게 한다. 초대교회부터 지금 땅끝 선교시대까지 여전하다. 바울이 여러 번 데살로니가 지역으로 가려고 했지만 사단이 막았다고 성경에 기록돼있다(살전 2:18).

사단의 또 하나의 무대는 가정이다. 그는 가족을 분열시키고 관계를 파괴한다. 사랑으로 하나 되지 못하게 막는다. 가족을 싸움의 대상으로 삼게 한다. 그만큼 가정이 중요한 것을 알기 때문이다.

가족은 사랑의 대상이지 싸움의 대상이 아니다. 항상 깨어서 이 사실을 인식하고 이제 가족과 싸우는 일을 그쳐야 한다. 대신 가족과 싸우게 하는 대적에 맞서 싸워야 한다.

마귀는 거짓말쟁이요 거짓의 아비다(요 8:44). '거짓의 아비'라는 말은 거짓말의 전문가라는 뜻이다. 수준 낮은 거짓말쟁이가 아니고, 거짓말의 고단수이다. 그래서 쉽게 탄로 나는 거짓말을 하지 않는다. 어떤 사실을 미끼로 삼아 그것을 왜곡하고 과장한다.

에덴동산에서 하와를 유혹할 때도 하나님이 하신 말씀 중에서 일부만 말하고, 나머지는 약간 바꾸었다. 예수님을 유혹할 때는 성경 말씀을 교묘하게 인용했다.

가정 안에 대표적인 두 가지 어려움이 있다. 부모와 갈등 그리고 자녀와 단절이다. 많은 자녀에게 부모에 대한 원망과 상처가 있다. 또한 부모들도 자녀에 대한 염려와 걱정과 화가 있다. 이런 부모 자녀 사이의 갈등은 서로를 지치게 하고 멀어지게 만든다. 때로는 관계를 단절시킨다.

물론 부모도 잘못하고, 자녀도 실수한다. 그러나 자녀가 부모의 잘못만 기억하고, 부모가 자녀의 실수만 생각하면 사단이 그 틈을 타서 가정 안에서 활동한다.

부모에 대한 상처가 있다면 분명 부모가 잘못한 일이 있을 것이다. 그러나 꼭 알아야 한다. 부모의 잘못을 왜곡하고 거짓으로 부풀려서 사실보다 더 나쁘게 생각하도록 자녀의 기억을 이용하는 악한 존재가 있다. 그는 상처를 곱씹고 부모를 원망하도록 끊임없이 유혹한다. 또한 부모가 자녀에 대한 섭섭한 생각과 마음에 품은 화를 풀지 않고 쌓아두면, 사단이 그것을 이용한다. 그래서 결국 자녀에게 감정적으로 화를 내고 상처 주는 말을 내뱉게 된다.

마귀의 유혹을 받는 것은 그 자체로 잘못이나 죄가 아니다. 그러나 그것을 받아들여서 말과 행동으로 옮기면 죄가 된다. 죄를 짓기 이전에 생각과 마음을 지키려면 사단을 대적해야 한다.

부모에 대한 안 좋은 생각이 계속되면 대적하자. 자녀를 향해 화가 풀리지 않으면 명령하자. 예수님이 마귀의 유혹을 받으셨을 때처럼 하면 된다(마 4:10).

"사단아 물러가라."

2부에서 견고한 진을 무너뜨리는 방법을 소개했다. A의 가정 이야기를 다시 한번 되돌아보자. 남편이 도박에 빠졌을 때, 우편함에서 빚 독촉장을 꺼내는 A의 손은 매번 떨렸다. 그런데 재정적인 압박보다 더 지치고 힘들게 하는 것이 있었다.

나쁜 생각들이 떠나지 않았다. 아이들의 미래와 주거에 대한 걱정을 하다 보면 가정에 더 이상 소망이 없다는 생각이 들었다. 그럴 때면 모든 것을 포기하고 싶다는 생각에 사로잡혔다.

더구나 남편에 대한 분노와 증오가 끊임없이 자신을 사로잡았다. 그를 생각하면 화가 나서 죽을 지경이라고 말했다. 그만하고 싶은데, 머릿속에서 떠나지 않아 더 고통스럽다고 했다. 마치 마귀가 가룟 유다의 마음에 예수님을 팔려는 생각을 넣은 것과 같았다 (요 13:2). 이것은 악한 영의 대표적인 활동이다.

우리는 A와 그 가정을 위해 기도하면서 단순하고 분명하게 마귀의 모든 활동이 중단되도록 명령했다.

"사단아 물러가라!"

1주일의 집중 기도 기간에 성령의 역사가 일어났다. 남편은 마치 눈에서 비늘이 벗겨진 듯 가족이 보인다고 말했다. 그러자 가정에 변화가 찾아왔다. 남편이 자녀를 돌아보기 시작했다. 아내에게도 부정적인 생각들이 사라지고 어려움을 극복하려는 의지와 가정을 지키고 싶은 의욕이 일어났다.

당신도 꼭 해보기 바란다. 우리에게 권세가 있다. 만약 가정 안에서 거짓의 영, 분열의 영, 미움의 영이 활동한다고 여겨지면 끌려가지 말고 대적해야 한다. 우리가 대적하면 마귀는 피한다(약 4:7).

선교 현장에서 진행하는 DTS에서 강의를 할 때였다. 그곳은 교회가 거의 없고 우상 숭배가 심했다. 그래도 소수의 그리스도인이 선교사와 연결되어서 DTS가 열렸다. 아주 어렵게 학교를 시작했기에 학생들의 변화를 보는 감동이 컸다.

나는 제자도와 영적 권위에 대해 강의했다. 어느 날 오전 강의를 마치고 숙소에서 잠시 쉬려는데 한 간사가 훈련학교에 큰 소동이 있다며 나를 불렀다. 따라가 보니 사람들이 모여있었다. 그 가운데

한 사람이 부들부들 떨면서 자기 방문 앞에 귀신이 있다고 말했다. 나와 다른 사람 눈에는 아무것도 보이지 않았다. 그러나 그의 행동과 눈빛을 보면 분명히 무엇인가 있는 것 같았다.

내가 오전 시간에 그리스도인의 영적 권세를 강의하면서 마귀를 대적하고 사단의 활동을 묶어야 한다고 강조했는데, 그 일이 실제로 일어난 것이다. 사람들은 강사인 내게 귀신을 내쫓아달라고 부탁했다. 이런 경우에 나는 곧바로 기도하지 않는다. 무조건 도와주는 것이 능사가 아니기 때문이다. 대신 그가 예수님을 믿고 있는지 간사에게 물었다. 간사는 그가 지금은 예수님을 믿는 것 같으나 전에는 우상 숭배를 많이 했다고 알려주었다.

나는 그 훈련생에게 직접 예수님을 믿는지 물었다. 그는 믿는다고 대답했다. 나는 예수님을 믿는 사람에게는 권세가 있음을 분명하게 알려주면서 직접 마귀를 대적하라고 말했다.

그는 실망한 듯 보였다. 내가 기도해주길 기대하는 것 같았다. 그가 어떻게 대적하면 되냐고 물어서 "예수 이름으로 명한다. 사단아 물러가라!"라고 말하라고 했다. 다른 말을 더 하고 싶다면 "예수님의 보혈로 명령한다. 악한 영아 떠나가라!"라고 외치라고 했다.

예수님을 믿는 사람은 누구든지 직접 명령하면 된다고 다시 한번 강조했다. 그러자 그가 외치기 시작했다. 통역 간사가 그가 뭐라고 소리치는지 알려주었다.

"예수 이름으로 명한다. 사단아 물러가라! 예수의 보혈로 명령한다. 마귀야 떠나가라!"

그는 마치 중계방송을 하듯 눈에 보이지 않는 변화를 우리에게 알려주었다. 귀신이 점점 없어지고 있다고 말하면서, 동시에 물러가라고 계속 명령했다. 여러 번 외치더니 귀신이 완전히 사라졌다면서 방문을 열고 숙소로 들어갔다.

우리가 명령하면 사단은 떠나간다. 우리가 대적하면 마귀는 피한다. 귀신이 보이는 것 같은 초자연적 현상뿐 아니라 사단이 우리 생각을 침범할 때도 똑같은 방법으로 쫓아내야 한다.

부정적인 생각은 자신과 가족 모두에게 해가 된다. 나쁜 생각이 떠나가고 좋은 생각이 들어오도록 담대하게 선포하자. 이런 권세가 모든 그리스도인에게 있다. 대적하고 명령해서 사단의 활동을 묶었다면 이제 사람을 풀어주어야 한다.

→ 적용

1. 야고보서 4장 7절을 쓰고 암송하라.

---

2. 자신 안에 있는 안 좋은 생각을 지금 대적하라.

　예) "예수 이름으로 대적한다. 미움은 떠나가라."

　　"예수 이름으로 명령한다. 악한 생각은 내게서 떠나가라."

---

3. 빌립보서 2장 9절을 쓰고 묵상하라.

_____

_____

_____

4. 당신 가족을 묶고 있는 악한 영을 대적하라.

예) "예수 이름으로 분열의 영을 대적한다. 거짓의 영을 대적한다. 우리

가정에서 떠나가라!"

_____

_____

_____

_____

_____

_____

_____

_____

_____

가족을 용서하며 풀어준다

가족을 위한 기도 2단계인 '묶고 푸는 기도'는 사단의 활동을 묶고 사람을 풀어준다. 묶인 사람을 풀어주면 자유롭게 된다. 자유는 용서받을 때 얻는다. 용서는 사람을 풀어준다.

용서에 대한 강의나 설교를 들을 때, 대부분의 사람들은 용서의 대상으로 가족을 가장 먼저 떠올린다. 나도 강의를 들을 때마다 형이 생각났고, 그를 용서한다고 기도했다. 1부에서 소개한 것처럼 형과 관계가 회복된 것은 전적으로 기도의 힘이었다. 내 잘못을 인정하고 '회개 기도'를 했을 때 변화가 일어났다. 그러나 돌이켜보면 회개하기 전에 먼저 형을 용서하는 기도를 했었다.

오래전, 형을 용서한다고 기도한 첫날을 잊지 못한다. 상처를 준 사람을 용서해야 한다고 DTS 강사가 강조했다. 당시 나는 형에 대한 생각을 전혀 안 하고 살았다. 생각만 해도 가슴이 울렁거리고, 머리가 아팠다. 용서할 마음이 조금도 없었다.

그런데 내가 '누구를 용서해야 합니까?'라고 기도하자 형이 생각났다. 그래서 '형을 용서합니다'라고 의지적으로 고백했다. 그러자 마음이 편해졌다. 마치 더운 여름날에 시원한 바람이 불어온 듯했다.

나는 또 한 번 용기를 내서 형을 용서한다고 기도했다. 이번에는 어린 시절에 형과 재미있게 놀던 생각이 떠올랐다. 그동안 잊고 있던 기억이었다.

그 강의가 끝난 주말, 형에게서 연락이 올지 모른다는 생각이 들었다. 당장 변화가 일어날 것을 기대했지만 아무 일도 일어나지 않았다. 그렇게 몇 번, 집회에서 설교를 듣거나 DTS에서 강의를 들을 때 형을 용서하는 기도를 했다.

어떤 날은 진심으로, 어떤 날은 형식적으로 기도했다. 억지로 기도한 적도 있었다. 하지만 용서 기도가 없었다면 회개 기도도 나오지 않았을 것이다. 용서 기도는 다음 단계로 넘어가도록 나를 풀어주었다.

용서를 하고 싶어도 도저히 용서가 안 될 때가 있다. 그때는 이해하려고 노력해야 한다. 이해는 서로 입장을 바꾸어 생각하는 것이다. 상대가 왜 그런 행동을 했는지, 왜 그런 말을 했는지 이해가 되면 용서할 힘이 생긴다. 그러고 나서 용서하면 자신과 가족을 묶고 있던 것이 풀린다.

나는 형을 다시 만나면서 조금씩 이해가 되었다. 장남의 입장에서 가족사를 살펴보니 그동안 이해할 수 없었던 그의 생각과 말과 행동이 '그럴 수 있겠구나' 싶었다. 또 그리스도인이 아닌 형의 입장에서 생각해보니, 1년에 몇 번 정도는 교회 가지 말고 친척 경조사에 참석하라고 요구한 것도 당연했다.

제사를 중요하게 생각하는 형의 가치관도 이해되었다. 물론 이해와 동의는 다르다. 자기의 기준과 원칙을 지켜야 하지만 상대방의 입장에서 생각해보는 것도 중요하다. 가족을 용서하려면 먼저 이해해야 한다. 그래도 잘 안 되면, 시대의 상황을 생각하면서 이해하면 도움이 된다. 특히 부모님을 이해하려면 그들이 살아온 시대를 먼저 알아야 한다. 1945년에서 1995년까지 50년간 우리나라에 일어난 변화는 어느 나라에도 없는 역사적 사건들로 가득했다.

해방과 이념의 대립, 전쟁과 극한 빈곤, 경제개발과 도시화로 인한 사회 발전은 개인의 희생을 요구했다. 그것은 가정에 큰 영향을 주었다. 각 가정마다 생존을 위한 드라마 같은 이야기가 가득하다. 이런 이야기를 들으면 어른들이 그 시대를 살아낸 것만으로도 얼마나 대단하고 훌륭한 일인지 깨닫게 된다.

부모 시대를 이해하면 그 안에서 살아온 그들의 생각과 말과 행동도 충분히 이해할 수 있다. 어떤 부모님은 가족에게 사랑을 잘 표현하지 못하고 인격적인 대화가 서툴다. 그럼에도 가족을 소중히 여기며 자녀를 사랑하는 것은 분명하다.

1. 가족에게 잘못한 일을 적어보라.

----

2. 가족에게 미안하다고 말하자. 사과하고 화해한 뒤에 위에 적은 것들을 지우라.

3. 요한복음 20장 23절을 적고 암송하라.

----

4. 당신이 용서해야 하는 가족은 누구인가?

----

5. 용서할 내용을 짧은 문장으로 적어보자.

----

6. 요한복음 20장 22절을 쓰고 다섯 번 읽으라.

----

7. 용서하려면 성령의 능력이 있어야 한다. 용서가 되면 위에 쓴 것을 지우라.

8. 부모님의 이야기를 들어보자.

예) 어렸을 때 먹고 싶었던 것이 무엇인가?

언제 몸과 마음이 추웠는가?

언제 따뜻했는가?

열세 살 이전에 가장 기억에 남는 것은 무엇인가?

----

9. 자녀들이 가장 듣고 싶은 말은 무엇일까? 자녀에게 묻고 적어보라.

사랑을 표현한다

용서와 함께 가족을 풀어주는 데 가장 큰 힘을 발휘하는 것은 사랑이다. 사랑을 표현하면 가족이 풀어진다. 묶였던 관계가 풀어지면 가정이 회복된다.

가족에게 용기 있게 사랑을 표현하자. 실천하기가 두렵거나 주저된다면 용기를 달라고 기도하자. 아주 짧은 사랑 표현도 가족을 풀어주는 열쇠가 된다.

다음은 사랑 표현으로 가정이 회복된 사례다. 한 사람의 용기 있는 작은 실천이 큰 변화를 일으켰다. 그 가정의 회복은 문자 한 통에서 시작되었다.

"아빠! 사랑합니다"

아빠는 평생 술을 마셨다. 내 소원은 술 취하지 않은 아빠와 정상적인 대화를 한 번이라도 해보는 것이었다. 나는 강의를 마치고 쉬시는 간사님을 찾아가 우리 집안 이야기를 하며 도움을 청했다.

아빠한테 사랑을 먼저 표현하라고 간사님이 권하셨다. 얼굴을 마주하고 사랑을 표현할 자신이 없다고 말했더니 문자를 보내면 어떻겠냐고 하셨다. 나는 아빠와 정상적인 대화를 하고 싶었기에 그러겠다고 했다.

그러나 아빠에게 문자를 보내는 것도 처음이라 만 가지 생각이 스쳤다. 갑자기 문자를 받고 아빠가 어떤 반응을 보일지 두려웠다. 괜한

일을 해서 내가 더 상처받을까 봐 걱정도 되었다. 그래도 휴대폰에
일단 문자를 썼다.

"아빠! 사랑합니다."

하지만 용기가 없어서 보내지 못했다. 휴대폰을 볼 때마다 아빠에
게 보내지 못한 문자가 눈에 아른거렸다. 문자 한 통이 변화를 일으
킬 수 있다는 조언을 믿고 싶었지만, 난생 처음 사랑을 표현하는 것
이 어색했고 용기가 나지 않았다. 전송 버튼을 누를 것인가 말 것인
가 무척 고민스러웠다.

태어나서 지금까지 아빠와 대화를 해본 기억이 없다. 늘 술병 앞에
앉아있는 취한 아빠만 떠오를 뿐, 다른 모습으로 기억되는 아빠는
없었다. 이제 와서 아빠한테 문자를 보내려 하다니. 아빠의 반응은
도저히 예측할 수 없었다.

지나가는 사람들이 내 문자를 보는 것 같아 휴대폰을 꽉 움켜쥐고,
30분 정도 가만히 있었다. 정말 용기가 나지 않았다. 그때 강의 중에
들은 말이 생각났다.

"상대의 반응에 상관없이 진리를 따라 행하는 것이 옳다. 진리를 실
행하고 결과는 주님이 알아서 하실 거라는 믿음을 가져라."

문자 메시지 한 줄 보내는 것이 이처럼 힘들 줄 몰랐다. 다른 사람에
게는 아무것도 아닌 일이지만, 내게는 정말 쉽지 않았다. 보내본 적
없고, 보내기 싫고, 보내기 어려운 문자였다. 그 대상이 아빠였기 때

문이다. '술 취하지 않은 아빠와 단 한 번이라도 정상적인 대화를 했더라면 이렇게 어렵지 않았을 텐데'라고 생각했다. 인간적인 힘으로는 할 수 없었다. 휴대폰에 적힌 "아빠! 사랑합니다"가 외국어처럼 낯설었다. 나는 간절히 기도했다.

'하나님 아버지, 제게 전송 버튼을 누를 수 있는 용기를 주세요.'

기도하고 버튼을 꾹 눌렀다.

그날 저녁, 현관문을 살며시 열고 집에 들어갔다. 아빠는 거실에 앉아서 아무 반응이 없었다. 쿵쾅거리는 가슴을 진정시키며 많은 생각을 했다. '문자는 확인하셨을까? 얼마나 어렵게 보낸 문자인지 짐작하실까?'

엄마는 어디 가셨는지 안 보였다. 슬쩍 아빠를 보았는데, 그 앞에 여전히 술병이 놓여있었다. 실망이 또다시 밀물처럼 몰려왔다. 억지로 문자 한 통을 보내고는 엄청난 변화가 일어날 것을 기대한 내가 바보 같아서 얼른 방으로 들어가려고 했다. 그때 갑자기 아빠가 나를 불렀다.

"여기 좀 가까이 앉아보거라."

나는 처음으로 아빠의 이야기를 들었다. 그동안 아빠가 어떻게 살아왔는지, 직장생활이 얼마나 힘들었는지, 그리고 왜 술을 마시게 되었는지….

그동안 한 번도 아빠가 그처럼 힘들었을 거라고는 생각하지 못했다. 아빠를 이해하려고 노력해본 적도 없었다. 늘 취한 아빠를 원망하고 미워했다. 그리고 아빠가 부끄러웠다. 아빠 이야기를 듣다 보니 죄송했다. 아빠가 불쌍했다. 그래서 가까이 가서 한번 안아드리고 눈물이 쏟아질 것 같아 얼른 방으로 들어갔다.

주중에 또 한 번 문자를 보냈다.
"아빠, 오늘도 수고 많으시죠? 감사합니다."
철없던 시절에는 항상 취한 아빠가 창피해서 친구들을 집에 데려오지 않았다. 그리고 친구들의 근사하고 멋진 아빠들을 보면서 우리 아빠였으면 좋겠다고 생각했다. 알코올 중독과 싸우면서도 가족을 위해 최선을 다해 일해 온 아빠가 고맙다는 생각을 한 번도 하지 않았다. 아빠가 살아내신 것만으로도 감사한데….
아빠에게 계속 사랑을 표현하는 문자를 보내면서 내게도 아빠라는 보호벽이 있었다는 걸 깨달았다. 그렇게 생각하니 아빠가 살아계신 것만으로도 참 감사했다.
그러던 어느 날이었다. 현관문을 열고 집에 들어서는데 아빠가 여전히 거실에 앉아 술을 마시고 계셨다. 그런데 뭔가 달랐다. 소주병 대신 맥주캔을 따고 계셨다.
"미안하다. 여전히 술 마시는 모습을 네게 보여서."
"아빠! 맥주로 바꾸셨나 봐요."
그때 엄마가 말했다.

"네 아빠가 얼마나 훌륭하시니? 술 끊는 연습을 하고 계신단다. 우선 좋아하던 소주를 끊고, 맥주로 바꾸셨어."

엄마가 웃고 계셨다. 그것이 더 놀라웠다. 집을 나가버리겠다는 생각은 언제 접으셨는지, 그런 생각은 도무지 해본 적 없는 표정으로 아빠 옆에서….

1. 화해하고 싶은 가족은 누구인가? 이름을 적어보라.

----

2. 화해할 방법을 아래에서 골라보자.

- 카드나 편지 쓰기　　　　　　• 사랑한다고 문자 보내기

- 전화하기　　　　　　　　　　• 함께 식사하기

- 선물하기　　　　　　　　　　• 얼굴을 보고 미안하다고 말하기

- 30초 동안 꼭 안고 있기　　　• 장점 두 가지 말하기

- 7일 동안 매일 한 가지씩 칭찬하기　• 오늘 당장 축복의 말 해주기

- 하루 한 끼 금식하며 3일 동안 중보기도 해주기

3. 가족이 식탁에 둘러앉아 서로 오늘 잘한 일을 칭찬하자.

----

4. 가족과 관계가 어렵다면 기도하라.

　예) "하나님, 가족을 이해하는 마음을 주세요."

----

5. 용서가 안 된다면 다음 문장을 읽으며 연습하자. 다섯 번 이상 읽어보자.

　"(부모님을) 용서합니다."

6. 다음 기도를 세 번 이상 따라 읽어보자.

　"예수님, 저를 용서해주세요. 우리 가족을 용서해주세요."

7. 아침저녁으로 식탁에 앉아 기도하자.

　예) "행복한 우리 가정이 되게 해주세요. 사랑을 잘 표현하는 가족들
되도록 도와주세요."

소망의 그림을 그리며 기도한다

응답될 모습을 미리 마음속으로 그리며 기도하는 것이 가정 회복을 위한 중보기도 3단계다.

무엇이든지 기도하고 구하는 것은 받은 줄로 믿으라
그리하면 너희에게 그대로 되리라 막 11:24

1부에서 소망의 그림이 무엇인지, 이 그림을 사용해서 기도한 과정, 우리 가정에서 일어난 하나님의 응답을 소개했다. 신실하신 하나님은 기도를 듣고 응답하시며 바라는 자에게 상을 주시는 분이다(히 11:6).

누구든지 가족이 구원받고 회복되는 모습을 바라고 믿음으로 기도하면 하나님이 응답하신다. 바라는 것이 실상이 되도록 믿음으로 기도하자.

중보기도 강의를 하면서 나는 소망의 그림으로 기도하는 법을 항상 소개했다. 그리고 강의를 듣고 실행한 사람들로부터 응답받은 간증도 들었다. 그 중에서 한 사람의 이야기를 소개한다.

아빠의 가방

대공원역에서 전철이 멈췄다. 우르르 사람들이 빠져나갔다. 나도 모르게 사람들을 따라 내리고 말았다. 봄꽃 같은 아이들이 아빠 손을 잡고 공원으로 들어갔다. 공원 입구에서 나는 머뭇거렸다. 내 손을 잡아줄 아빠가 옆에 없었다.

'스무 살이 다 된 내가 꼭 누구 손을 잡고 공원에 들어가야 하나? 나 혼자 얼마든지 들어갈 수 있지.'

그러나 나는 공원에 들어가지 않았다. 다시 전철역을 향해 발길을 돌렸다.

'집에 가자. 지금 몇 시지? 여섯 시가 되려면 아직도 멀었네. 번데기 한 봉지 사들고 산책이나 하다 갈까….'

나는 언니와 달랐다. 어릴 적 언니는 이곳에 오면 꼭 번데기를 샀다. 그리고 맛있게 먹으면서 나를 놀렸다. 나는 징그럽고 무서워 아빠를 향해 힘껏 뛰었다. 팔을 벌리고 기다리던 아빠는 나를 번쩍 안고 품에 꼭 숨겨주었다. 그때 아빠 품에서 라일락 꽃 냄새가 났다.

나는 아빠가 보고 싶을 때는 아무에게도 이야기하지 않고 대공원에 온다. 오늘도 아빠가 보고 싶다. 단 한 번이라도 아빠 손을 다시 잡아볼 수 있다면…. 딸들이 너무 보고 싶어서 퇴근하고 바로 집으로 들어왔다고 말하던 아빠가 정말 그립다.

그날, 아빠 가방이 현관에 놓여있는 것을 문틈으로 보았다. 내가 아홉 살 때였다.

"당신이 나가세요. 더 이상 함께 살 수 없어요. 아이들은 깨우지 마세요. 다시 보는 일은 없었으면 해요."

엄마 목소리는 나를 꼼짝 못하게 할 만큼 무섭고 단호했다. 나는 울지도 못했다. 벌벌 떨다 다시 문밖을 보니 아빠의 가방이 보이지 않았다.

집에서 나간 아빠가 전화를 한 날은 기쁜 날이었고, 동시에 아픈 날이었다. 아빠 전화를 받고 좋아하는 우리를 엄마는 호되게 야단쳤다.

"앞으로 아빠라는 말은 입 밖에도 내지 마라. 너희에게 아빠는 더 이상 없어."

집에서 '아빠'를 말할 수 없었던 10년 동안 나는 엄마한테 마음을 닫았다. 사랑하는 아빠를 쫓아낸 엄마가 미웠다.

그런데 우리 집에 큰 변화가 생겼다. 언니가 DTS에서 훈련을 받았다. 강의 기간을 마치고 집에 온 언니의 얼굴이 밝게 빛났다. 가족을 위한 기도와 회복 강의를 들었다면서 둘이라도 먼저 가정예배를 드리자고 간절하게 부탁했다. 그래서 가정예배를 시작했다.

찬양은 언니와 내가 한마음으로 했지만, 기도 내용은 조금 달랐다. 언니는 아빠와 엄마가 화해하도록 기도했고, 나는 아빠를 만나게 해달라고 기도했다.

언니가 소망의 그림 이야기를 해주었다. 소망하는 것을 마음속에 그리자고 말했다. 당연히 내 소원은 한 가지, '아빠'였다. 아빠가 보고 싶다. 밥을 같이 먹고 싶고 손을 잡고 공원을 걷고 싶다. 아빠가 집으로 돌아오면 얼마나 좋을까? 내가 원하는 것이 이루어지는 것은 꿈같은 일이지만, 그래도 원하는 것이 이것뿐이기 때문에 나는 '아빠'를 소망한다고 언니한테 말했다.

언니의 소원도 같다면서 그 그림을 실제로 다이어리에 그리자고 했다. 언니와 나는 색연필을 찾아 맨 먼저 아빠를 그렸다. 그림을 그리다가 그만 울고 말았다. 보고 싶은 아빠!

내게는 한 가지 습관이 있다. 현관에 들어서면 아빠가 집을 나가던 날에 아빠의 가방이 놓여있던 자리를 쳐다본다. 그러나 나는 그곳을 오랫동안 볼 수 없었다. 아빠 생각에 눈물이 나고 엄마에게 화가 나기 때문이다. 또한 아무렇지 않은 듯 열심히 사는 언니에게 섭섭하고 가슴이 먹먹해서….

그런데 언니와 가정예배를 드리고, 소망의 그림으로 기도하면서 달라졌다. 그곳을 똑바로 쳐다보며 아빠의 가방이 다시 돌아와 놓이는 모습을 상상하며 기도하게 되었다.

대공원 입구를 서성이다가 집에 오니, 언니는 벌써 집 청소를 끝내고 나를 기다리고 있었다. 언니는 가정예배 준비로 집을 깨끗하게 청소한다. 토요일이면 우리 집이 깨끗해서 좋다는 내 말을 들었는지 못들었는지 언니는 두 손을 들고 여느 때와 같이 선포했다.

"하나님이 우리 가정의 왕이십니다. 하나님이 우리 가정의 주인이십니다. 하나님은 우리 집의 아버지이십니다."

언니와 내가 찬양을 하고 있는데 현관문이 벌컥 열렸다. 우리는 잘못을 저지르다 들킨 것처럼 당황했다. 엄마가 말했다.

"몸이 좀 안 좋아서 일찍 들어왔어. 그런데 너희 둘이 예배드리고 있었니?"

"네. 우리 둘이서 가정예배를 드린 지 꽤 됐어요. 엄마도 함께 예배해요. 그런데 어디 많이 아프세요? 이쪽으로 앉으세요. 우리가 기도해 드릴게요."

언제나 밝고 명랑한 언니는 엄마 손을 끌어당기며 말했다.

"그래. 나도 우리 셋이서 가정예배 드리기를 오랫동안 원했는데 정말 잘됐구나. 함께 예배드리자."

나는 엄마가 오는 순간부터 긴장했다. 소망의 그림을 기도해야 하는데…. 언니는 아무렇지 않은 듯했다. 엄마도 함께 찬송하고 성경을 읽고 기도를 했다. 마지막으로 주기도문을 할 때 엄마의 흐느끼는 소리가 들렸다. 언니와 나는 눈을 떴다. 엄마의 어깨가 점점 심하게 들썩였다.

"얘들아, 미안하다. 이 엄마를 용서해주렴."

"왜 그래요? 엄마, 무슨 일이 있어요?"

"오랫동안 너희들에게 미안한 마음으로 살았단다. 너희들이 아빠를 몹시 그리워하는 것을 알면서도 아빠라는 말을 입 밖에도 내지 못하게 했으니…. 이 엄마를 용서할 수 있겠니?"

언니가 말했다.

"용서라니요? 우리보다 엄마가 더 힘들다는 것 알아요."

그러면서 엄마를 안고 같이 울었다. 나는 가만히 있었다. 아니, 몸이 굳어버린 것 같았다. 어떻게 해야 할지 몰랐다. 언니와 엄마가 다가와서 나를 안아주었다.

"엄마가 잘못했다. 어렸던 네게 너무 큰 고통을 주었구나. 미안하다, 애야."

"…그럼, 이제 아빠랑 연락해도 되나요?"

"그래, 그러자. 우리가 먼저 아빠를 찾아보자."

'세상에! 지금 우리 집에 무슨 일이 일어난 거지? 10년이 넘도록 바라고 애태우던 것이 언니와 함께 기도한 지 6개월 만에 이루어지다니. 하나님, 엄마한테 무슨 일을 행하신 건가요. 엄마의 마음을 어떻게 바꾸신 건가요.'

나는 엄마를 용서했다. 아빠와 마음껏 연락할 수 있다면, '아빠!'라고 마음속으로만 부르지 않고 실제로 소리 내서 말할 수 있다면, 언니랑 집에서 자유롭게 아빠 얘기를 할 수 있다면 얼마든지 엄마를 용서할 수 있었다.

그리고 2주가 지났다. 주일 오후에 전화벨이 울렸다. 아빠였다.

"얘야, 잘 있었니? 그동안 아빠가 미안했다. 용서해라."

"아빠 어디세요?"

"아빠도 교회에 다닌다. 2주 전부터 나갔지. 오늘 교회에 가서 기도하는데 내 딸들이 생각이 나서 도저히 견딜 수 없더구나. 더 이상 너희들을 안 보고는 살 수 없을 것 같아."

엄마가 아빠를 용서한 날, 아빠가 하나님 아버지 집을 찾았던 것이다. 정확히 말하면 내가 엄마를 용서한 날, 아빠는 우리 집을 향하고 있었다.

곧 아빠가 집으로 돌아오면 울타리 옆에 라일락이 흐드러지게 필 것이다. 아빠 가방을 현관 그 자리에 들여다 놓고, 나도 하나님을 향해 환하게 웃고 싶다.

사랑의 가정 세미나

그를 향하여 우리가 가진 바 담대함이 이것이니
그의 뜻대로 무엇을 구하면 들으심이라
우리가 무엇이든지 구하는 바를 들으시는 줄을 안즉

우리가 그에게 구한 그것을
얻은 줄을 또한 아느니라 요일 5:14,15

성경은 구하는 것을 받은 줄로 믿으라고 말씀하신다. 이 기도는 소망을 준다. 응답을 보면서 기도하기 때문에 지치거나 좌절하지 않게 된다. 끝까지 기도할 힘을 준다. 무엇보다 이 소망의 기도가 이루어지는 것을 반드시 보게 된다.

나는 도저히 바랄 수 없는 상황에서 이 기도를 배웠다. 가정예배의 소원이 실상이 된 뒤, 나는 다음 단계의 그림을 그렸다. 우리 가족 중 누군가 선교지에 갈 때 온 가족의 축복 속에서 떠나는 장면을 그렸다. 기도와 재정의 후원을 받고 떠나는 장면도 함께.

이 '소망의 그림'도 바랄 수 없는 일처럼 보였지만, 결국 이루어졌다. 가족 중에서 한 사람이 미얀마로 1년간 단기 선교사로 떠날 때 모두 축복하고 환송하는 시간을 가졌다. 그가 사역을 마치고 돌아오자 뒤를 이어서 다른 가족이 캄보디아로 1년간 떠났다. 그때에도 대가족이 모두 모여서 기도하고 파송했다.

나는 그다음 단계도 소망하며 그림을 그렸다. 사랑과 은혜가 넘치는 행복한 대가족의 모임을 꿈꿨다.

'여름휴가 중에 하루라도 함께 보내면 얼마나 좋을까?'

이것도 이루어졌다. 매년 8월에는 가족들이 함께 모여서 1박 2일을 보낸다. 가족이 모이면 제일 먼저 예배를 드리고 맛있는 음식을 먹고 함께 어울려 논다. 전통놀이인 돼지씨름을 비롯한 여러 가지 놀이를 하며 가족올림픽을 한다. 또 각 가정에 필요한 기도제목을 나누고 다 같이 기도한다.

가족이 많다 보니 어려운 일도, 축하할 일도 많다. 그때마다 다 같이 축하해주고 어려운 일은 손을 얹고 기도해준다. 그동안 가족 모임에서 격려 받은 일도 많고, 기도 응답을 받은 일도 많았다.

부모님이 돌아가시면 모임이 쉽지 않을 것이라고 주위에서 말했지만 그렇지 않았다. 비록 부모님은 안 계시지만 12년 동안 형제들은 우애를 다지며 해가 지날수록 더 풍성한 모임을 이어가고 있다.

가족 모임은 6남매가 순서를 따라 돌아가면서 준비한다. 우리 부부가 준비 담당자가 되면 '사랑의 가정 세미나'를 하고 싶었다. 몇 년 지나서 드디어 우리 차례가 돌아왔다.

그해 여름, 예약한 숙소에 우리 가족이 맨 먼저 도착했다. 나는 차에서 꺼낸 식재료를 냉장고에 넣고 서둘러 옥수수를 삶았다. 옥수수 냄새를 맡으면 식구들은 분명 고향집에 온 것 같으리라.

내가 부엌에서 옥수수를 삶는 동안, 딸은 자신이 만들어 온 가족별 이름표를 각각의 방문에 붙였다. 환영받는 느낌이 들도록 예쁜 리본으로 묶은 새하얀 수건 두 장을 방마다 넣어두었다. 남편과 아들이 가족 모임 일정표를 현관 유리문에 붙이고 있는데, 막냇동생 가족이 도착했다.

"와~ 이게 무슨 냄새야! 엄마 냄새 맞지?"

시골집에서 옥수수를 삶아주시던 엄마를 그리워하며 동생이 말했다. 몇 해 전에 돌아가신 친정엄마처럼 나는 두 팔을 벌려 동생을 꼭 안아주었다. 그 사이 줄을 지어 차들이 들어왔고, 30여 명의 가족이 다 모였다.

"가정예배 드리기. 점심 먹고 물놀이와 축구. 저녁은 숯불 바비큐. 밤에는 가족오락관. 아주 좋아요! 내일 오전에는 사랑의 가정 세미나? 이게 뭔가요?"

호기심이 왕성한 어린 조카들이 앞다투어 일정표를 소리 높여 읊었다.

"자! 이제 예배를 시작하자."

큰오빠가 말하자 수영장 옆 텐트로 모두 모였다. 탱글탱글 잘 삶아진 옥수수를 들고 반갑게 안부를 묻는 사이에 찬양 인도 담당인 조카 부부가 기타를 꺼냈다. 두 사람씩 손을 잡고 눈을 보며 축복송을 부르다가 눈물을 글썽이며 서로 안아주었다.

"그동안 잘 지냈니? 사랑해."

"보고 싶었어요. 저도 사랑합니다."

어른, 아이 할 것 없이 돌아가며 안부를 묻고 축복하면서 사랑을 고백하며 우리 가족의 1박 2일 모임을 시작했다.

사랑의 가정 세미나는 우리 부부가 나눠서 강의했다. 남편은 아이들에게 진로와 비전에 대해 강의하고 토론했다. 사춘기 아이들이 비전을 위해 엎드려 부르짖는 모습에 뿌듯해진 남편은 기도하다 말고 카메라 셔터를 연달아 눌렀다.

나는 어른들에게 부부 관계 강의를 했다. 가족에게 강의를 하는 것이 쉽지 않아서 준비할 때부터 조심스러웠다. 특히 세 명의 오빠 부부 앞에서 부부 강의를 한다는 것은 어찌 보면 큰 모험이었다. 그러나 모두 기대하는 눈빛을 보내며 고개를 끄덕이기도 하며 웃는 얼굴로 반응해주어서 편하게 강의할 수 있었다.

더구나 서로의 삶을 나눌 때는 어찌나 적극적으로 참여하는지 흐르는 시간을 붙들고 싶을 정도였다. 오빠들과 동생들이 부부 관계의 중요성을 알고 노력하는 이야기를 들으며 내가 더 감동을 받았다. 가족 모임을 마치고 각자 집으로 돌아갈 시간이 되자 아쉬움에 다들 한마디씩 했다.

"다음 가족 모임이 벌써부터 기다려지는데, 어떡하죠?"

"맞아. 나도 그래. 내년 8월이 빨리 왔으면 좋겠다."

소망의 그림이 실상이 되기까지 오랜 시간이 필요했다. 이제 우리 집은 추석이나 설날이면 제사 대신 예배드리는 것이 자연스럽다. 그 외에도 가족이 모이면 항상 가정예배를 제일 먼저 드린다. 주님만 모시는 우리 집이 된 뒤부터 하루하루가 복되고 즐겁다.

돌이켜보면 도저히 바랄 수 없는 상황에서 믿음으로 그림을 그리고 기도했다. 하나님은 모든 사람이 구원을 받고 진리를 아는 데에 이르기를 원하신다(딤전 2:4). 나는 그 속에 우리 가족도 포함된다고 믿으며, 이것을 가장 바라는 분이 하나님이심을 확신했다.

왜냐하면 하나님이 우리의 아버지이시기 때문이다. 그분은 모든 가정의 주인이시고 모든 가족의 아버지이시다. 가족이 구원받고 행복하게 사는 것을 하나님이 더 원하신다. 그래서 우리가 그 소원의 그림을 그리는 것을 기뻐하신다.

우리 모두 소망의 그림을 그려서 주님께 올려드리자. 그리고 실상이 되게 해달라고 기도하자.

기도 뿜!!!

소망의 그림을 그리고 기도를 계속하기 위한 좋은 방법이 있다. '기도 뿜'을 활용하는 것이다. 이것은 남편과 대화하다가 내가 만든 용어다.

남편과 아주버니가 화해하고 어머니 장례를 마쳤다. 형제들이 화해한 감격과 은혜가 컸지만, 어머니가 돌아가신 슬픔은 더 컸다.

'이제 비로소 좋은 가정이 되었는데, 평생 마음 고생하신 어머님이 더 사셨으면 얼마나 좋았을까?'

아쉬움이 사라지지 않았다. 모든 장례 순서를 마치고 아주버님이 비용을 정산했다. 재정 관리는 형에게 전적으로 맡겼기 때문에 남편은 신경을 쓰지 않았다. 3일 뒤, 1부에서 간증한 것처럼 삼우제 대신 첫 번째 가정예배를 드렸다. 그리고 다음 주에 아주버니가 우리 집에 찾아왔다.

결혼 후 처음으로 우리 집에 온 아주버니가 아이들의 선물을 넘치도록 가져왔다. 함께 밥을 먹은 다음에 차를 마시면서 아주버니가 말했다.

"어머니 장례 치르느라 너희가 수고 많았다. 장례식 분위기가 밝아서 인상적이고 좋았다고 내 친구들도 말하더라. 친척 어르신들도 좋다고 했고. 그리고 장례비용을 정산했는데….'

남편과 나는 듣기만 했다.

"남은 장례비용에 조금 더 보태었으니 이 돈으로 자동차를 구입해라."

우리가 생각지도 못한 큰돈이었다. 어머니를 간병하는 동안 아주버님이 우리 차를 몇 번 탔는데, 차가 낡아서 고생하는 것을 보았다고 했다. 우리는 알았다. 동생과 화해하는 표시로 주는 아주버니의 선물이라는 것을.

형이 준 돈으로 남편은 9인승 신형 승합차를 구입했다. 우리 가족 5명과 시누이 가족 3명, 그리고 아주버니까지 함께 타기에 딱 맞는 차였다. 10년 동안 좋은 차를 타고 다니면서 모두 행복했다. 누구보다도 남편이 좋아했다. 남편은 강의 중에 형과 화해한 간증을 할 때마다 자동차 이야기를 했다.

그런데 차를 사고 얼마 뒤부터 남편은 주유소에서 주유하는 시간 동안 기도를 했다. 짧은 시간이지만 늘 간절히 무언가를 기도하기에 내가 물었다.

"얼마 전부터 주유소에서 늘 기도하던데, 무슨 기도야?"

"… ."

"특별한 기도제목이 있으면 내게도 알려줘. 나도 기도할게."

"고마워."

"그런데 집에서 기도하지 왜 주유소에서 기도해?"

"그게…."

남편은 한참 뜸을 들이다가 감동적인 이야기를 했다.

"어느 날, 주유하는데 형에게 감사한 마음이 들었어. 이런 좋은 차를 타게 해주어 감사하고, 나를 생각해주는 마음이 감격이 되네. 그동안 내가 형에게 잘못한 일도 많은데…. 그래서 형을 위해 기도했어. 그다음부터는 주유소에 오기만 하면 기도가 나온다니까. 마치 기도가 내 안에서 자동적으로 뿜어져 나오는 것 같아."

"그래? 당신 대단하다. 주유소에 왔다고 차를 사준 형을 생각하다니…. 형을 위해 기도하는 당신이 정말 훌륭하네. 주유소에 오면 자동으로 형을 위한 기도가 뿜어져 나오니 이곳이 기도 뿜이네."

"기도 뿜? 맞아. 기도 뿜!"

나는 남편의 이야기를 들으며, 누구든지 기도를 기억나게 하는 도구가 있으면 좋겠다고 생각했다. 기도를 잊지 않고 기억나게 도와주는 기도 알리미, 또는 기도 리마인더(reminder)가 필요하다. 우리는 그것을 '기도 뿜'이라고 이름 지었다.

얼마 전에 또 하나의 기도 뿜 이야기를 들었다. 아버지와 갈등이 심한 청년이 있었다. 그는 아버지와 떨어져 사는 것이 꿈이어서 가족과 인연을 끊고 외국에서 혼자 살았다. 그런데 아버지가 위독하다는 연락을 받고 10년 만에 고국으로 돌아왔다.

병실에서 아버지와 재회했다. 잠깐의 화해 시간을 갖고 아버지가 돌아가셨다. 청년은 고민했다. 아버지가 미워서 이 땅을 떠났는데 아버지가 안 계시니 다른 나라로 갈 이유가 없었다. 그렇지만 한국에서 새롭게 정착할 기반이 없어서 고민하다가 강원도로 배낭여행을 떠났다.

지인의 소개로 강원도 태백에 있는 예수원을 방문했다. 기독교인이 아닌 그 청년은 교회에 가본 적이 없었고, 예수원이 어떤 곳인지 전혀 몰랐다. 그는 그곳에서 예수님을 부르며 눈물을 흘리는 여자를 보았다. 도대체 왜 여자가 예수님 때문에 우는지 궁금했다. 그래서 옆에 있던 남자에게 예수가 누구이기에 우냐고 물었다.

단 한 마디 질문을 했는데, 그 사람이 3일 동안 청년에게 예수님 이야기를 했다. 산속에 있는 나무 십자가 앞에서 예수님을 영접하자는 말에 엉겁결에 영접도 했다.

그는 방문 기간이 끝나자 집으로 가려고 기차를 탔다. 책을 읽으려고 가방을 열었는데, 성경책이 들어있었다. 자기에게 전도한 사람이 넣어준 것 같았다. 성경을 읽는데 갑자기 눈물이 쏟아졌다. 그는 기차 안에서 살아계신 예수님을 만났다.

예수님이 자신의 구원자이심을 고백하고, 청년은 예수원으로 다시 돌아갔다. 그곳에서 자신의 주님이신 예수님께 헌신했다. 그리고 수련 기간이 모두 끝난 뒤에 예수원에서 만난 신실한 자매와 결혼했다.

우리 부부는 이 아름다운 이야기를 그 부부에게서 들었다. 그리고 내가 한 가지 질문을 했다.

"당신을 위해 기도한 사람이 누구인가요?"

"저를 위해 기도한 사람이요? 전혀 없어요."

"정말 기도해준 사람이 없을까요?"

"우리 가족, 친척, 친구 중에 예수님을 믿는 사람은 한 명도 없습니다."

하지만 분명히 누군가 그를 위해 기도했을 것 같았다.

"어머니는 어떤 분이신지요? 오랜 세월 기다리던 아들이 돌아와서 많이 기쁘셨겠네요."

"어머니가 그동안 많이 힘드셨지요. 아! 한 가지 생각이 나네요."

청년이 해외에서 집으로 돌아온 날, 어머니가 창문을 열면서 이렇게 말씀하셨다고 했다.

"창밖에 교회 십자가가 보이지? 내가 교회는 안 다니지만, 저 십자가를 보면서 10년 동안 널 위해 기도했단다. 십자가만 보면 네 생각이 나서 기도했지."

그 말을 들었을 때는 '교회도 다니지 않는 어머니가 별 이상한 말씀을 다 하시네' 하면서 지나쳤는데 잘 생각해보니 어머니가 덧붙인 말도 떠오른다고 했다.

"사실 내가 처녀 시절에 몇 개월 동안 교회에 다닌 적이 있거든. 그 하나님께 기도했단다."

십자가를 보면서 그리운 아들을 위해 기도한 어머니의 기도가 응답되었다. 십자가는 우리의 기도생활을 돕는 좋은 도구이다. 남편도 십자가를 보면서 기도하기를 좋아한다. 남편은 예수원에서 강의하고 선물 받은 십자가를 차에 걸고 다닌다. 교통 체증이 있거나 신호 대기 중에 십자가를 만지면서 기도한다. 차가 막히면 피곤하고 짜증이 날 수 있는데, 그 시간을 기도 시간으로 사용하면 운전이 즐거워진다고 했다.

내게 기도 알리미는 벽에 걸려있는 액자다.

땅의 모든 족속이
너와 네 자손으로 말미암아
복을 받으리라

창 28:14

몇 년 전에 캘리그래피로 예쁘게 쓴 이 성구 액자를 벽에 걸었다. 하루에도 여러 번 액자를 보며 이 말씀의 약속이 우리 부부와 자녀의 삶에 이뤄지길 간구했다. 자자손손을 통해 이뤄지길 기도했다.

'우리 부부와 자손을 통해 천하 만민이 복을 받게 하옵소서.'

액자를 보면 가족을 위한 기도가 언제부턴가 저절로 뿜어져 나왔다. 그렇게 말씀 액자는 내 기도 뿜이 되었다. 오늘도 나와 우리 자녀가 각자의 은사와 재능을 가지고 천하 만민에게 축복의 통로가 되는 모습을 상상하며 액자를 보면서 여러 번 기도했다.

또 하나의 '기도 뿜'은 식탁에 놓인 말씀 달력이다. 15년 전부터 식탁에 놓고 우리 가족이 함께 읽었다. 아이들이 어릴 때는 다 같이 읽고 묵상하고 나누기도 했다. 지금은 너덜너덜해졌지만 내게는 아직 유용하고 소중한 기도 알리미이다.

나는 아침에 일어나면 맨 먼저 습관처럼 말씀 달력을 넘겼다. 달력을 넘기며 오늘 내게 말씀하시는 주님의 음성을 기대했다. 오늘은 '말을 조심하는 것이 진정한 경건'이라는 야고보서 말씀이었다.

이 말씀을 속으로 읽은 다음 큰 소리로 암송했다. 그리고 거실을 거닐며 말씀을 따라 기도했다. 나와 가족과 교회와 대한민국과 열방에 사는 사람들이 혀를 잘못 사용하는 것을 회개했다.

그 중에서 헛되고 거짓된 말을 멀리하는 경건한 사람들을 축복하고 지켜주시길 기도했다. 특별히 우리 양가 가족이 말로 인해 상처받고 오해가 쌓여 관계를 깨는 일이 없도록 보호해주시길 기도했다.

이처럼 오늘의 말씀을 적용하여 중보기도하는 것은 내 오랜 기도 습관이다. 말씀 달력은 기도로 하루를 시작하게 도와주는 내 기도 뿔이다.

또한 도시에 높이 솟은 아파트를 볼 때마다 이 땅에 집 없는 사람이 한 사람도 없기를 기도한다. 아파트 단지는 자기 집이 없는 가정을 위한 기도를 쉬지 않게 하는 내 기도 뿔이다. 이 땅에 사는 사람들 모두 자기 집에서 행복하게 발 뻗는 모습은 내 오랜 소망의 그림이다. 더불어 아직 자기 집이 없는 내 동생들을 위해서도 기도한다.

"집을 갖는 은혜를 주옵소서. 자기 집에 사는 행복을 누리게 해주소서."

아파트나 식탁 달력, 말씀 액자나 십자가뿐 아니라 기도를 생각나게 하는 도구나 장소는 무엇이든 기도 알리미가 된다. 그것을 보거나 지나칠 때마다 같은 내용으로 기도하면 된다. 그러면 응답이 될 때까지 기도를 쉬지 않게 된다.

혹시 가족 중에 속상하게 하는 사람이 있거나 아직도 주님께 돌아오지 않은 사람이 있다면 기도하기를 쉬지 말아야 한다. 그러기 위해 기도 뿔을 정하면 큰 도움이 된다. 한 가지를 정하고 지속적으로 기도하자. 실망하지 말고 끝까지 기도하자.

언젠가는 소망의 그림이 실상이 될 것이다. 시간이 너무 오래 걸리는 가족이 있다면 그 사람의 기도 향로가 크다고 생각하자. 기도를 채워야 할 그릇이 크면 시간이 오래 걸리는 것은 당연하다. 이처럼 기도를 많이 받은 사람이 응답받을 때 변화도 크다.

이 소망을 품고 끝까지 기도하자. 언젠가 그를 통해 주님의 뜻이 이루어지는 모습을 보게 될 것이다.

적용

1. 당신이 지금 기도하고 있는 가족이 구원받은 후의 모습을 상상해보자. 처음으로 교회에 가는 모습도 그려보자.

---

2. 당신이 바라는 가정은 어떤 모습인가? 여러 가지 모습으로 소망의 그림을 그려보라!

　예) 가정예배, 설날과 추석 등 명절 모습, 가족의 시간, 대가족 모임,

　　　가족 여행, 휴가, 노년의 행복한 모습 등

---

3. 그 모습이 실상이 되도록 정기적인 기도 시간을 정하자.

　예) • 매주 토요일 저녁 6시　　　• 매주 월수금 낮 12시

　　　• 매일 새벽 5시　　　• 하루 세 번 아침 6시/ 오후 2시/ 밤 9시

---

4. 소망의 그림에 적당한 기도 알리미를 결정하자.

----

5. 가족을 위한 당신의 기도 향기가 얼마나 쌓였는지 향로에 표시하자.

_____ 를 위한 기도의 향로   _____ 를 위한 기도의 향로

_____ 를 위한 기도의 향로   _____ 를 위한 기도의 향로

6. 마가복음 11장 24절을 성경에서 찾아 적어보자.

성령을 의지하며 **간절히 구한다**

가정 회복을 위한 기도 4단계는 성령을 의지하며 간절히 구하는 것이다. 성령은 기도의 영이시다. 성령은 우리 안에서 어떻게 기도하시는가?

- 우리를 위해 친히 기도하신다.
- 모든 일이 합력하여 선을 이루게 하신다.
- 기도가 필요한 사람을 생각나게 하신다.
- 기도할 내용을 미리 알려주신다.

우리를 위해 친히 기도하시는 성령님

동생이 고3 때 일이다. 동생의 담임선생님에게서 급히 학교로 와

달라는 연락을 받았다. 나는 무슨 일인지 짐작하면서도 심장이 쿵쾅거렸다. 교무실 앞에서 숨을 가다듬고 문을 밀었다. 동생의 담임 선생님이 나를 기다리고 있었다.

"동생을 빨리 찾아서 대학 원서를 넣어야 합니다. 점수가 이렇게 잘 나왔는데….'

"…."

"있을 만한 곳이 어디일까요?"

"저도 잘 모르겠습니다. 죄송합니다."

동생이 대입 학력고사를 치른 뒤 사라졌다. 점수도 확인하지 않고 대학을 포기했다. 시험을 망쳐서 사라진 줄 알았는데 그것이 아니었다.

나는 집을 떠나 도시에서 고등학교를 다녔다. 고등학교 3학년이 되었을 때, 동생도 같은 도시에 있는 고교에 진학했다. 나는 동생과 함께 자취해서 든든했다.

비가 느닷없이 쏟아지는 날에는 동생이 교문 앞에서 우산을 들고 나를 기다리고 있었다. 야간자율학습이 끝나고 늦은 밤에 자취방 창문을 두드리면 동생은 졸린 눈을 비비며 대문을 열어주었다.

듬직한 남동생이 있어서 밤늦게 집에 오는 골목길도 무섭지 않았다. 내가 대학생이 되자 학교 근처로 자취방을 옮겼다. 가끔 동생과 걸어가는 내 모습을 본 친구들이 동생이 참 잘생겼다고 말하면 기분이 좋았다. 그런 동생을 내가 챙겨주지 못했다. 동생 친구의 얼굴은 알지만 연락처는 알아놓지 못했다. 동생의 고민을 물어본 적도 없고, 성적을 확인하지도 않았다. 그래서 동생이 시험을 치르고 어디로 사라졌는지 알 수 없었고, 갑자기 사라진 이유도 몰랐다. 모든 대학이 원서 지원 마감을 한 후에야 동생이 돌아왔다.

"어디 갔었니?"

"그냥 여기저기 돌아다녔어."

"왜 대학을 포기했어?"

"… ."

"집안 형편 때문에?"

"아니, 모두 대학을 가야 하는 건 아니잖아."

"그건 그렇지만, 아버지가 네게 정말 많이 기대하셨는데…. 너도 알잖니?"

"누나가 있잖아. 나는 졸업하면 일하다가 군대에 가려고 해."

동생이 대학을 포기한 이유를 나중에 동생 친구로부터 들었다. 자기가 대학에 가면 휴학 중인 누나가 복학을 못할까 봐 걱정했다고 했다. 넉넉하지 않은 집안 살림을 잘 알기에 자기가 누나의 앞길을 막을 수 없다고 말했다는 것이다.

1987년, 동생의 군 입대가 다가올수록 내 불안감이 커져갔다. 1980년대 초, 민주화 운동권에 있었던 나는 군대에서 일어나는 좋지 않은 이야기를 많이 들었다. 그래서 더 불안했다. 그렇게 며칠 동안 잠을 설치다가 성경과 기도 노트를 펴놓고 하나님 앞에 무릎을 꿇었다. 나는 성령을 의지해서 간절히 기도하며 약속의 말씀을 구했다. 아침부터 시작한 기도가 오후까지 이어졌다. 오후 5시경에 시편 121편이 선명하게 떠올랐다. 나는 즉시 성경을 폈다.

내가 산을 향하여 눈을 들리라

나의 도움이 어디서 올까

나의 도움은 천지를 지으신 여호와에게서로다

여호와께서 너를 실족하지 아니하게 하시며

너를 지키시는 이가 졸지 아니하시리로다

이스라엘을 지키시는 이는 졸지도 아니하시고

주무시지도 아니하시리로다

여호와는 너를 지키시는 이시라

여호와께서 네 오른쪽에서 네 그늘이 되시나니

낮의 해가 너를 상하게 하지 아니하며

밤의 달도 너를 해치지 아니하리로다

여호와께서 너를 지켜 모든 환난을 면하게 하시며

또 네 영혼을 지키시리로다

여호와께서 너의 출입을

지금부터 영원까지 지키시리로다

시편 기자가 찾은 여호와의 도움이 내게 너무나 적합했다. 천지를 지으신 하나님의 온전한 도움이다. 왜냐하면 그분은 졸지도 주무시지도 않고 모든 상황에서 우리를 지켜주시기 때문이다.

하나님은 밤낮을 가리지 않고 언제나 지켜주신다. 육체만이 아닌 영혼까지. 지금부터 영원까지. 동생이 입대할 때부터 제대하는 날까지 지켜주신다는 말씀이지 않은가! 성경 말씀보다 더 확실한 증표가 어디 있겠는가! 하나님이 동생을 지켜주시리라 믿으니 안심이 되었다.

나는 시편 121편을 깨끗한 종이에 옮겨 쓴 다음, 문방구로 달려갔다. 그리고 지갑에 넣을 수 있는 작은 크기로 코팅했다. 그것을 입대하는 날, 동생의 옷 주머니에 넣어주었다.

동생은 최전방에 있는 특공여단 수색대로 배치되었다. 나는 고생하고 있을 동생을 생각하면서 자주 울었다. 그때마다 약속의 말씀이 내 눈물을 닦아주었다. 동생을 걱정하다가도 "이스라엘을 지키시는 이는 졸지도 않고 주무시지도 않는다"라는 말씀을 기억하고 기도하면 안심이 되었다.

어느새 세월이 흘러 병장이 된 동생이 내 결혼식장에 나타났다. 군복을 입은 모습이 정말 멋있었다. 그런데 몇 개월 후에 군대에서 전화가 왔다. 동생이 아파서 군 병원으로 이송 중이라고 했다. 전화로 소식을 알려주는 오빠의 목소리가 떨렸다. 전화를 이어 받은 남편의 얼굴도 사색이 되었다.

평상시 매우 침착한 오빠와 남편의 반응에서 나는 무언가 크게 잘못되고 있음을 감지했다. 동생의 병명은 유행성 출혈열이라고 했다. 치료 시기를 놓치면 목숨이 위험하고, 생명을 구해도 심각한 장기 손상이 일어날 수 있는 위험한 병이었다.

나는 너무 놀라서 어찌할 바를 몰랐다. 기도조차 할 수 없었다. 동생을 살려달라는 말도 제대로 나오지 않았다. 그저 눈앞이 캄캄했다. 나는 불안한 마음을 움켜쥐고 탄식하듯 부르짖었다.

'주님….'

동생이 죽으면 안 된다는 생각만으로 정신없이 하나님을 불렀다.

'성령님, 동생을 살려주세요. 어떻게 좀 해주세요….'

나는 성령을 의지했다. 성령은 우리가 연약할 때 도우시는 분임을 기억했다. 어떻게 기도해야 할지 모를 때 오직 성령이 말할 수 없는 탄식으로 우리를 위해 친히 간구하신다고 했다(롬 8:26). 나는 '나를 대신하여 기도하시는 성령이 계셔서 얼마나 다행인가'라고 생각하며 성령께서 탄식하시도록 내 마음을 드렸다.

그렇게 한참 동안 성령 앞에 있다 보니 마음이 안정되었다. 그리고 동생을 위한 약속의 말씀이 생각났다. 나는 벌떡 일어나 시편 121편을 읽고 또 읽으며 기도하기 시작했다. 나뿐만 아니고 전국에 있는 가족들 모두 성령을 의지하며 동생을 위해 함께 기도했다.

사방에서 욱여쌈을 당하거나 환난이나 재앙이 갑자기 닥칠 때, 또 사고나 위험을 만날 때, 우리는 주님을 불러야 한다. 특히 가족에게 힘든 일이 일어나면 차분히 기도할 겨를이 없다. 그럴 때는 성령께서 충분히 기도하시도록 마음을 맡겨야 한다. 성령은 우리 안에서 기도하시는 분이다.

선을 이루시는 성령님

회복된 동생이 다시 부대로 복귀했다. 그리고 전역일에 무사히 제대했다. 건강한 모습으로 살아 돌아온 동생을 만나서 얼마나 감사했는지…. 나는 동생에게서 그동안 있었던 이야기를 들었다.

제대가 얼마 남지 않은 시기에 동계 혹한기 훈련이 있었다. 첫날은 들판에 쌓여있는 짚더미 속에서 잤고, 다음 날은 땅에 파놓은 김장구덩이 바닥에 짚을 깔고 잤다.

훈련을 마치고 돌아온 날부터 감기 기운이 심했다. 열이 나면서 몸이 떨렸다. 모포를 여러 장 덮고 누워있는데 동료들이 축구대회를 한다며 끌어냈다. 공을 차고 들어오니 열이 불처럼 솟으며 의식이 가물가물했다.

사태의 심각성을 파악한 의무병이 달려와서 보고는 유행성 출혈열이라고 진단했다. "당장 헬기 띄워!"라고 누군가 외치는 소리가 가물거리는 의식 저편에서 마치 사망선고처럼 들렸다. 곧 죽을 수도 있는 현실 앞에서 동생은 주님을 찾았다.

"누나, 내가 정말 염치없고 약한 인간이라는 것을 알았어. 교회

다니지 않은 지 오래되었으면서 막상 죽음 앞에서 내가 부른 것은 주님이었어. 내가 뭐라고 했는지 알아? '하나님 아버지, 저를 살려주세요. 제 생명을 지켜주세요'라고 했다니까."

어린 시절 함께 신앙생활을 했던 동생이 언젠가부터 교회를 멀리했다. 나도 거처를 따라 교회를 옮겨 다녔기에 동생을 신경 쓰지 못했다. 그런데 동생이 하는 얘기를 들으며, 비록 그가 교회는 떠났지만 예수님을 떠나지 않았음을 확인하고 정말 기뻤다. 또 위기 상황에서 동생의 육체만이 아닌 영혼까지 지켜주신 주님께 감사했다. 하나님은 시편 121편의 약속처럼 동생을 지켜주셨다.

여호와께서 너를 지켜 모든 환난을 면하게 하시며
또 네 영혼을 지키시리로다 시 121:7

성령께서는 나와 내 동생을 위해 일하셨다.

- 동생을 군대에 보내야 하는 나는 불안했다.
- 그래서 하나님께 기도했다.
- 하나님은 시편 121편을 약속의 말씀으로 주셨다.
- 나는 그 말씀을 붙들고 동생이 생각날 때마다 기도했다.
- 동생은 훈련 중에 감염이 되어 생명을 잃을 위기에 처했다.
- 나는 어떻게 기도할지 모르는 다급한 상황에서 성령을 의지하고

탄식함으로 기도했다.

- 그다음에 약속의 말씀이 기억나서 스스로 힘을 내서 기도했다.
- 하나님은 동생의 생명을 지켜주셨다.
- 동생은 위험한 순간에 주님을 부르며 주께 돌아왔다.

나는 동생을 위해 기도하면서 하나님의 신실하심을 배웠다. 어려운 상황에서도 좌절하거나 절망하지 않고 성령을 따라 기도해야한다. 가족을 위해 기도하는 사람 누구에게나 기도 과정 중에 어려운 일이 일어날 수 있다.

그때는 더욱 성령을 의지하고 간절히 기도해야 한다. 무슨 일이 있어도 뒤로 물러나지 않고 기도하면, 하나님의 역사를 경험한다. 환난을 통해 가족들이 주님께 돌아오거나 하나님과 친밀한 관계를 회복한다. 성령님은 어떤 상황에서도 선을 이루시는 분이다.

마음을 살피시는 이가 성령의 생각을 아시나니
이는 성령이 하나님의 뜻대로
성도를 위하여 간구하심이니라
우리가 알거니와 하나님을 사랑하는 자
곧 그의 뜻대로 부르심을 입은 자들에게는
모든 것이 합력하여 선을 이루느니라 롬 8:27,28

기도가 필요한 사람을 생각나게 하시는 성령님

성령은 우리를 위해 기도하신다. 기도할 바를 알지 못하는 다급한 상황에서는 탄식함으로 기도하시고, 또 약속의 말씀이 기억나면 말씀을 붙들고 기도할 힘을 주신다. 하나님의 뜻이 이루어지도록 기도로 도와주시면서 결국은 모든 일이 합력하여 선을 이루게 하신다.

그런데 기도의 영이신 성령께서 하시는 놀라운 일이 하나 더 있다. 기도가 필요한 누군가를 생각나게 하신다.

2006년, 엄마가 돌아가시고 2주 만에 아버지가 돌아가셨다. 엄마가 돌아가실 때는 온 가족이 병원에서 임종을 예상하고 마음의 준비를 했다. 엄마도 가족 모두에게 골고루 유품을 나눠주며 천국에 갈 준비를 하셨다.

가족 한 사람 한 사람에게 사랑한다고 말하고, 끝까지 우애 있게 살라고 유언하셨다. 그리고 찬송을 들으면서 영원한 천국으로 가셨다. 장례식을 마친 후에 나는 슬픈 마음과 지친 몸을 추스르면서 친정에 며칠 더 머물렀다. 그리고 집에 돌아왔는데 전화가 왔다.

아버지가 갑자기 위독하다고 했다. 부랴부랴 고향 집 근처 병원으로 다시 갔다. 그런데 병원에 도착하자마자 아버지가 돌아가셨다. 유언도 듣지 못했고, 아버지께 한마디도 못했는데…. 아버지가 살아계실 때 꼭 해드리고 싶은 말이 있었다.

"아버지는 최선을 다해 잘 사셨습니다."

엄마가 병원에 입원하시고 돌아가실 무렵 아버지도 편찮으셨지만 그렇게 빨리 돌아가실 줄 몰랐다. 아버지가 돌아가시자 모든 것이 사라졌다. 나는 엄마를 떠나보내고, 매서운 바람이 몰아치는 황야에서 길을 잃은 것처럼 정처 없이 헤맸다. 헤매다 지쳐 등을 기대고 쉬려는데 아버지가 돌아가시자 그 기둥마저 순식간에 사라져버린 것 같았다. 나는 아무것도 먹지 못하고 울고 또 울었다. 밤에는 방바닥을 뒹굴다가 구석에 웅크리고 울먹였다.

'아버지….'

하지만 부모를 잃은 상실의 고통 중에서도 맡은 사역을 감당해야 했다. 밤에는 울고, 낮에는 강의를 했다. 몸과 마음이 완전히 지친 어느 날, 너무 힘들어서 혼잣말처럼 주님께 아뢰었다.

'아… 오늘은 못가겠어요. 도저히 힘이 안 나네요.'

그러면서도 가방을 챙겨 현관을 막 나서려는데 전화벨이 울렸다.

"실례지만 간사님, 무슨 일 있나요? 며칠 동안 간사님 생각이 많이 났습니다. 밤에도 하나님이 저를 깨우셔서 간사님을 위해 기도하라고 하시는데…."

내 형편을 자세히 모르는 지인이었다. 그녀는 날 위해 기도하라는 마음을 받고, 어떻게 기도해야 할지 몰라서 나를 생각하며 방언으로 기도하고 있다고 했다. 무슨 일인지 염려가 되어 내 번호를 수소문해서 전화를 걸었다고 했다. 나는 큰 위로를 받았다.

'견딜 수 없는 슬픔과 상실의 고통을 성령께서 아셨구나! 신실한

그분의 딸을 깨워 기도를 시키셨다니!'

그 사랑을 확인하고 뜨거운 눈물을 흘리며 감사드렸다. 또한 성령의 인도하심에 민감하게 반응하여 나를 위해 기도해준 자매를 지금도 잊을 수가 없다. 그녀의 기도의 힘으로 나는 일어났다.

성령은 우리 안에서 많은 일을 하신다. 말씀을 기억나게 하시고, 그 뜻을 깨닫게 하시며, 우리에게 능력을 주시고, 우리를 다스리시며 인도하시고, 그리스도의 증인이 되게 하신다. 성령이 하시는 일은 무궁하다.

그분은 우리 안에서 기도를 하신다. 우리의 탄식 속에서도, 누군가의 생각을 통해서도 기도하신다. 그러므로 무엇을 위해, 어떻게 기도할지 모를 때는 주님 앞에서 부르짖으라. 누군가 생각나면 그를 위해 기도하라는 성령의 신호인 줄 알고 바로 기도해야 한다.

미리 알려주시는 성령님

성령은 하나님의 영이다. 그 누구보다 하나님의 뜻을 가장 잘 아신다. 그러므로 우리가 성령을 따라 기도하면 하나님의 뜻을 따라 기도하게 된다. 따라서 우리는 먼저 성령께 물어야 한다.

'무엇을 위해 기도할까요?'

성령은 우리 물음에 대답하신다. 가장 적절한 시간에 무슨 기도를 해야 하는지 알고 계시므로, 묻는 이에게 알려주신다. 그러므로 인간적인 판단과 생각을 내려놓고 성령께 묻고, 그 응답을 들으면서 기도해야 한다.

내가 엄마들의 기도 모임을 인도하는 날이었다. 커튼 사이로 비쳐 드는 햇살이 눈부셨다. 중보기도를 하러 모인 엄마들의 옷차림도 봄을 닮았다. 나는 중보기도 순서에 따라 기도를 인도했다. 하나님을 찬양하고 '감사 기도'로 시작했다. 그리고 기도를 방해하는 사단을 대적하며 '묶는 기도'를 했다. 그 후에 무엇을 기도할지 성령께 묻고 나누기로 했다.

- 자신의 생각을 주님 앞에 내려놓는 기도를 했다.
- 주님의 음성을 듣는 것을 방해하는 사단에게 잠잠하라고 명령했다.
- 무엇을 위해 기도하기 원하시는지 성령께 귀를 기울였다.
- 조용히 기다렸다가 한 사람씩 들은 것을 나누었다.

그날 모든 사람이 동일한 기도제목을 말했다.
"자녀의 안전을 위해 기도하라."
내 왼편에 앉은 분이 우리 아이들을 위해 기도했다. 나는 그의 기도에 이어 그의 아이를 위해 기도했다. 그런데 내 오른쪽 사람이 또 우리 아이를 위해 기도를 이어갔다. 나는 '이것이 아닌데…'라고 생각하면서, 그의 아이를 위해 기도를 했다.

그런데 다음 사람 입에서 또 우리 아이들을 위한 기도가 나왔다.

나는 조심스럽게 틈을 비집고 들어가 또 다른 가정의 아이들을 위해 기도했다. 그러다가 누군가 또 우리 아이들을 위해 기도하면 급하게 "아멘"으로 응답하고, 다른 자녀를 위해 기도했다.

내가 몇 번 기도 흐름을 바꾸다 보니 기도 분위기가 산만해졌다. 그럼에도 나는 모든 가정의 필요를 위해 골고루 기도하려고 노력했다. 참석한 사람들이 우리 아이를 위해 기도하는 것이 고마우면서도 부담이 되었다. 내가 인도하는 기도 모임에서 우리 아이만을 위해 기도하는 것이 미안했다. 그렇게 그날의 기도를 마쳤다.

오후가 되니 기온이 뚝 떨어졌다. 나는 겨울 카디건을 다시 꺼내 입었다. 양다리를 끌어 모으고 소파에 앉아서 오전에 했던 기도 모임을 생각했다.

'우리 아이들은 별 문제가 없는데 사람들이 왜 한 시간 내내 기도했을까?'

그때 누군가 현관문을 두드렸다.

"아이가 놀다가 다쳤어요. 빨리 가보세요."

나는 벌떡 일어나 신발을 신을 겨를도 없이 뛰었다. 어느새 비가 왔는지 놀이터로 가는 길이 몹시 미끄러웠다. 무언가에 찔린 아이의 깊은 상처를 보고 나는 기절할 뻔했다. 아이는 응급실로 실려 갔다. 1밀리미터만 더 들어갔으면 큰일 날 뻔했다고 의사가 말했다.

나는 떨리는 몸과 마음을 추스르며 오전에 기도했던 분들에게 전화했다. 상황을 대략 설명하고 치료가 잘되도록 기도를 부탁했다.

그런데 그들이 나를 위로하면서 똑같은 말을 덧붙였다.

"오늘 기도 모임 때, 간사님이 왜 그렇게 기도를 방해하셨는지 모르겠습니다. 간사님 자녀의 보호를 위해 성령께서 기도를 시키셨는데….'

나는 정신이 번쩍 들었다.

'그랬구나! 내가 기도를 방해했구나. 성령께서 내 자녀를 위해 기도를 인도하신 분명한 이유가 있었는데 인간적인 판단으로 방해했다니….'

나는 후회하고 회개했다. 그리고 감사했다. 그나마 성령을 따라 기도한 다른 분들 덕분에 아이가 더 큰 사고로부터 보호받은 것이 아닌가! 그 일이 있은 후부터 스스로에게 늘 말한다.

'성령이 기도할 내용을 가르쳐주시는 데는 분명한 이유가 있다. 그러므로 내가 판단해서 인간적인 마음으로 기도의 흐름을 바꾸면 안 된다. 오직 성령의 인도하심에 순종하며 기도하자.'

1. 성령은 기도를 생각나게 하고, 기도를 인도하신다. 기도할 마음이 일어나지 않거나 무엇을, 어떻게 기도할지 모를 때는 이렇게 기도하라.

> 기도의 영이신 성령님, 제 마음과 생각을 다스리소서.
> 성령을 제게 부으시고 성령으로 충만하게 하소서.
> 저를 통해 아버지의 뜻을 이루소서.
> 무엇을 위해 어떻게 기도할지 가르쳐주옵소서.

2. 가족을 위해 기도하면서 의지하는 약속의 말씀이 있는가? 그 말씀을 적어보자.

----

3. 요즘 자주 생각나는 사람이 있는가?

이름 : --

이 책을 내려놓고 그를 위해 지금 기도하라.

기도 내용 : ....

그에게 연락해서 성령의 역사와 하나님의 사랑을 전하라.

4. 구원과 회복이 필요한 사람이 있는가? 그를 생각하며 지금 하나님께 묻고 듣는 기도를 하자.

예) 아들

1) 아들을 향한 제 소원과 바람을 내려놓습니다. 무엇을 위해 기도해 야겠다는 생각도 내려놓습니다. 성령님, 제 마음과 생각을 다스려 주옵소서.

2) 거짓말하고 속이는 악한 영을 대적한다. 잠잠하라.

3) 성령님, 제가 아들을 위해 무엇을 기도해야 할지 가르쳐주옵소서.

4) 잠잠히 기다린다.

하나님은 당신이 가장 잘 알아들을 수 있는 방법으로 말씀하신다. 사람마다 다르다. 성경 말씀이 생각나면 찾아서 읽으라. 그림이 보이면 무슨 뜻인지 깨달을 때까지 거듭 질문하라. 떠오르는 생각을 붙들어라.

5) 그것을 기도 노트에 적고 기도하라.
예) 배우자를 위한 듣는 기도/부모님을 위한 듣는 기도

5단계

축복하며 믿음으로 선포한다

가족을 축복하자

가족 구원과 가정 회복을 위한 기도 5단계는 축복하고 믿음으로 선포하는 것이다. 자신이 기도한 내용으로 가족을 축복하면 하나님이 복을 주시고, 비로소 진정한 변화가 일어난다. 가족을 위해 기도할 때는 축복으로 마무리해야 한다.

특별히 부모는 자녀를 축복해야 한다. 자녀를 위해 기도하고 축복하는 것은 부모의 중요한 역할이다. 부모의 축복을 받고 자란 자녀는 성품이 안정되고, 모든 일에 자신감이 있고, 사람들과 좋은 관계를 이룬다. 부모의 축복을 통해 하나님의 빛이 자녀의 마음 깊은 곳까지 비춰지기 때문이다.

자녀를 잘 키우기 위해서 똑똑한 엄마나 뛰어난 아빠가 되지 않아도 된다. 자녀를 사랑으로 따뜻하게 축복하는 부모라면 충분하다.

나는 우리 아이들의 어린 시절로 다시 돌아갈 수 있다면 한 가지 일을 더 많이 하고 싶다. 자녀를 위해 기도하고 축복하는 일이다.

외국에 살고 있는 큰아들 부부가 4년 만에 집에 온다고 했다. 나는 가족이 함께 여행할 생각으로 마음이 부풀어 일정을 미리 계획하고 기다렸다.

아내는 아들과 며느리가 좋아하는 음식을 준비했다. 대학입시를 준비하던 막내아들도 공부 일정을 조절했다. 딸은 오빠 부부와 놀기 위해서 새로운 보드게임을 인터넷으로 주문했다. '딕싯'이라는 보드게임인데, 그림 카드를 보고 떠오르는 생각을 말하면 다른 사람이 그 카드가 무엇인지 맞추는 흥미로운 게임이다. 그림 설명을 들으면서 서로의 생각과 마음을 알 수 있어서 가족이 함께하기에 좋다.

아들 부부와 함께 예배하고 감사 기도를 하면서 가족의 시간을 가졌다. 그동안의 일을 나누는데 감사할 일이 아주 많았다. 인터넷 화상 통화로 자주 연락해서 새로운 이야기가 없을 줄 알았는데, 직접 만나서 대화하니 또 다른 감동이 있었다.

그리고 나서 아내가 준비한 밥을 먹었다. 맛있는 음식을 먹을 때마다 멀리 떨어져 사는 아들 부부가 많이 생각났는데, 함께 밥을 먹으니 정말 좋다고 아내가 말했다.

온 가족이 함께 보드게임도 했다. 며느리 차례가 되었을 때, 자기 카드의 그림을 보더니 밝게 웃었다.

"이 중에 제 어린 시절을 그린 것 같은 카드가 있어요. 정말 똑같네요. 찾아보세요."

힌트는 단 하나였다. 자기의 어린 시절. 6장의 카드 중에서 찾아야 했다.

"어떤 그림이 언니의 카드인지 정말 궁금해요. 언니가 꽃밭을 예쁘게 가꾸었을까요?"

"형수님이 어린 시절에 배를 타고 여행을 다녔나요?"

며느리의 그림 카드는 단순했다. 밝게 빛나는 전구였다. 며느리는 카드를 가리키면서 자기의 어린 시절 이야기를 들려주었다.

"어렸을 때 저는 빛나는 전구와 같았어요. 아빠가 성경 말씀으로 축복하고 기도해주셨는데, 그때마다 제 마음에 불이 켜지듯 환해졌어요. 여호와는 네게 복을 주시고 너를 지키시기를 원하며…."

내가 말했다.

"민수기 6장?"

"역시! 아버님도 이 말씀을 좋아하시죠?"

"그랬구나. 사돈어르신도 성경 말씀으로 축복을 많이 해주셨구나."

딸이 말했다.

"언니, 그 말씀은 우리 가족이 모두 좋아해요. 언니도 그 말씀으로 기도를 받았어요?"

"아빠가 말씀을 읽어주고 그 내용으로 기도하고 축복해주셨거든. 그때마다 전등이 켜진 것처럼 내 마음이 밝아졌어. 지금 이 카드를 보니 그때 내 마음과 똑같네."

막내가 덧붙였다.

"형수님, 저희도 그 말씀으로 기도 받으면서 자랐어요. 형과 형수님의 어린 시절이 똑같네요."

'제사장의 축복'으로 알려진 민수기 6장 말씀은 힘이 있다.

여호와는 네게 복을 주시고 너를 지키시기를 원하며
여호와는 그의 얼굴을 네게 비추사
은혜 베푸시기를 원하며
여호와는 그 얼굴을 네게로 향하여 드사
평강 주시기를 원하노라 민 6:24-26

이 말씀으로 가족을 위해 기도하면서 축복하면 변화가 일어난다. 큰아들이 초등학교 3학년이었을 때 전학해서 모든 것이 낯선 학교에서 적응하는 데 어려움을 겪었다. 학교에서 받은 스트레스를 집에 와서 동생들에게 풀면서 집안 분위기가 좋지 않았다. 갑자기 바뀐 아들을 두고 기도하던 아내가 아침에 떠오르는 해를 보며 하나님의 응답을 받았다.

지금은 까칠하게 행동하지만, 세상을 비추는 해처럼 따뜻하고 밝은 아이가 될 것이라는 약속이었다. 우리는 그 약속이 이뤄지도록 기도했고, 수시로 제사장의 축복으로 아들을 축복했다.

'주님! 이 아들이 아침 해처럼 따뜻한 아이가 되게 해주세요.'

그날 아침부터 아들에게 축복의 말과 축복의 기도를 해주었다. 등하교할 때, 잠들기 전과 아침에 일어날 때 기도하고 선포하며 안아주었다. 당장 바뀌지 않아도 축복하기를 멈추지 않았다. 결국 아들은 약속의 말씀대로 밝고 따뜻한 사람이 되었다(《하나님 아이로 키워라》 규장, 92-100쪽).

자녀를 위해 기도하는 부모는 많다. 그러나 기도하고 끝내면 안 된다. 기도한 내용을 말로 표현하면서 축복해야 한다. 부모님이나 친척들을 위한 기도도 마찬가지다. 기도와 축복을 함께 해야 한다.

민수기 6장의 후반부는 제사장의 역할을 가르치는 말씀이다. 구약 시대에는 특정한 사람이 제사장의 직무를 행했지만, 지금은 모든 성도가 왕 같은 제사장이다(벧전 2:9). 모두 자기가 맡은 영역에서 제사장의 역할을 해야 한다.

어느 곳보다 가정에 제사장의 축복이 필요하다. 하나님의 나라가 가족 단위로 확장되면서 구원이 완성되기 때문이다. 민수기 6장은 우리를 축복하기 원하시는 하나님의 마음을 네 가지로 정리해서 기록했다.

- 복을 주고 싶다.
- 지켜주고 싶다.
- 얼굴의 빛을 비추어 은혜를 주고 싶다.
- 평강을 주고 싶다.

이 말씀을 읽기만 해도 하나님이 얼마나 우리를 사랑하시는지 잘 알 수 있다. 그분은 우리에게 복을 주기를 간절히 원하신다.

이 복을 받으려면 우리가 먼저 해야 하는 일이 있다. 서로를 축복해야 한다. 그래야 하나님이 복을 주신다. 하나님의 복이 막히지 않고 흘러가려면, 우리 사이가 먼저 회복되어야 하기 때문이다.

가정에서 축복을 선포하는 방법은 어렵지 않다. 이 말씀을 한 구절씩 읽으면서 따라 하면 된다. 성경 말씀 중간에 가족의 이름을 넣어 기도하고, 하나님의 복이 부어지도록 구하라. 기도가 끝나면 하나님을 믿는 믿음으로 담대하게 선포하라.

2010년, 나는 몇 사람과 함께 국토순례 기도여행을 다녀왔다. 당시 열세 살이던 막내도 함께했다. 강원도 고성 통일전망대에서 출발해서 경기도 파주 통일전망대에 도착했다. 우리는 한반도를 동서로 횡단해서 걸었다. 6·25전쟁의 전적지인 펀치볼 옛길을 지나 을지전망대에 올라갔고, 제4땅굴도 견학했다.

양구, 철원, 연천의 민통선을 따라 걸었고, 임진각에서는 남북한의 분단 역사를 공부했다. 파주 통일전망대에서는 팀과 함께 찬양 예배와 통일 기도회를 했다. 320킬로미터를 10일 동안 걸으며 대한민국을 축복했다. 하나님이 복을 주시고 지키시며 그 얼굴의 빛을 비추사 은혜와 평강을 주시길 기도했다.

아빠와 여행하는 것이 좋아서 따라나섰던 아들은, 국토순례 기도여행이 끝나자 한반도의 통일에 대한 마음을 품었다. 기도하면 비전이 일어난다. 아들은 남북통일 운동에 참여하는 그리스도인이 되겠다는 비전을 가졌다. 그리고 통일 준비로 대학에서 정치외교학을 전공하겠다고 결정했다.

5년 과정의 중고등 통합과정 대안학교인 제주기독학교를 졸업하고 대학 진학을 위한 수능 공부를 시작했다. 고등학교 2학년 나이에 대입자격 검정고시를 치르고, 수능 시험을 위해 2년 목표로 공부했다.

첫해에는 집 근처에 있는 도서관에서 혼자 공부했고, 다음 해에는 입시 전문학원에서 공부했다. 우리 부부는 아들의 수능 공부 기간을 기도로 함께했다. 도서관에 갈 때마다 현관 앞에서 아들을 위해 기도하고 제사장의 약속 말씀으로 축복했다.

성령께서 지혜와 총명을 주시도록 머리에 손을 얹고 기도했다. 또한 피곤한 몸이 회복되고, 새로운 열정이 일어나도록 이마에 기름을 바르며 기도했다. 기름을 바르면서 기도하는 것은 좋은 기도 방법이다. 성경에서는 몸이 아프거나 치료가 필요할 때에 주님의 이름으로 기름을 바르며 기도하라고 권한다(약 5:14).

구약 성경에도 기름을 부으면서 기도하는 모습이 많이 나온다. "주님께서 원수의 눈앞에서 기름을 머리에 부어주시니 내 잔이 넘친다"라는 아름다운 시편 고백도 있다(시 23:5 참조).

기도를 마치면 얼굴을 바라보며 진심으로 축복했다.

　　하나님은 홍영찬에게 복을 주시고
　　홍영찬을 지키시기를 원하며
　　하나님은 그의 얼굴을 홍영찬에게 비추사
　　은혜 베푸시기를 원하노라
　　또 하나님은 그 얼굴을 홍영찬에게로 향하여 드사
　　평강 주시기를 원하노라

특히 하나님의 얼굴빛이 아들에게 비춰지기를 축복하며 기도했다. 빛은 어둠을 쫓아낸다. 공부하느라 피곤할 때나 원하는 성적이 나오지 않아서 낙심할 때마다 하나님의 빛이 아들의 마음을 붙잡아 주시도록 축복하고 선포했다. 하나님의 나타나심은 새벽빛이 오는 것처럼 분명하고 어김없다는 말씀도 의지하면서 축복했다(호 6:3).

딸이 출근할 때도 같은 방법으로 기도하고 축복한다. 출근을 서두르는 바쁜 시간이지만 무엇과도 바꿀 수 없는 소중한 시간이다. 기도하고 축복의 말을 하는 데 걸리는 시간은 2~3분 정도다. 간단

한 대화를 곁들여도 5분이 채 걸리지 않는다. 이처럼 짧은 시간으로 자녀의 하루를 밝혀줄 수 있다.

자녀가 부모의 축복으로 인생을 살아갈 힘을 얻는다면 마땅히 부모는 기도하며 축복해야 하지 않겠는가! 부모가 축복하면 하나님이 복을 주신다. 자녀를 축복하는 기도를 미루지 말라.

자녀가 험한 세상에서 승리하도록 기도하고 축복하는 부모는, 자녀에게 복을 주시는 하나님의 은혜를 함께 경험하게 될 것이다. 하나님은 복을 주기 원하신다. 이것이 우리를 향한 하나님의 마음이다. 하늘의 복과 땅의 복이 임하는 가장 확실한 방법은 우리가 가족을 축복하는 것이다.

반대로 가족을 비난하거나 판단하면 복이 임하지 않는다. 화를 내고 가족과 싸우면 일도 잘 풀리지 않는다. 나는 한 번 교통사고를 경험했다. 신호 대기 중에 정차하고 있었는데, 뒤차가 추돌했다. 평범한 사고라고 여길 수 있지만 우리 부부는 진지하게 회개했다.

사고 직전에 우리는 점심 메뉴를 고르는 일로 말다툼을 했었다. 곧이어 다른 주제로 대화가 번지면서 심하게 다퉜다. 큰 사고는 아니었지만 그때 나는 중요한 원리를 배웠다.

작은 사고나 큰 사고나 하나님이 지켜주셔야 한다. 하나님의 보호가 있어야 안전하게 살 수 있다. 이런 보호는 우리가 서로 축복할 때 그분이 허락하신다. 그래서 우리가 축복하면 모든 일이 합력하여 잘된다.

배우자와 부모를 위해서도 기도하고 축복하자. 자신의 가정을 축복하자. 가정 사역 세미나에서 반드시 강조하는 것이 있다. 집에 들어갈 때마다 현관문을 열면서 가정을 축복하라고 권한다.

자기 가족을 자랑스럽게 여기지 않고, 사랑하지 않고, 감사하지 않으면 하나님이 일하실 수 없다. 하나님은 충분히 각 사람의 가정을 새롭게 하실 수 있지만 기다리신다.

가족 중에서 먼저 믿는 그리스도인이 기도하면 하나님이 일하신다. 과거의 아픔을 믿음으로 극복하면서 가족을 신앙의 힘으로 축복하면 하나님이 복을 주신다.

1. 제사장의 축복 말씀(민 6:24-26)에 가족의 이름을 적고 큰 소리로 읽으라.
매일 아침마다 이 내용으로 축복하라.

> 하나님은 (   )에게 복을 주시고, 하나님은 (   )를 지키시기
> 를 원하며, 하나님은 그의 얼굴을 (   )에게 비추사 은혜 베푸시기
> 를 원하며, 하나님은 그 얼굴을 (   )에게로 향하여 드사 평강 주
> 시기를 원합니다. 예수 그리스도의 이름으로 (   )를 축복합니다.

2. 아래 문장을 기도 노트에 옮겨 적으라. 가족을 위해 기도할 때마다 기억하
고 선포하라.

> 1) 하나님은 우리 가정의 주인이십니다. 예수님은 우리 가족의 구원자
>   이십니다. 성령님은 우리의 왕이십니다.

> 2) 내가 기도하면 하나님이 일하신다. 내가 축복하면 하나님이 복을
>   주신다.

3. 야고보서 5장 13-16절을 큰 소리로 읽으라. 여러 번역본을 비교하면서 읽고 그 중에서 마음에 와닿는 번역본의 본문을 적으라.

----

4. 기도의 기름을 준비하라(쉽게 구할 수 있는 허브 오일이면 충분하다). 현관에 두고 가족이 밖으로 나갈 때 이마에 바르며 축복 기도를 하라. 하나님의 빛이 마음과 머리에 임하도록 기도하라.

PART 4

가족을 위한
기도문

기 도 는   죽 지   않 는 다

아버지의 구원을 위한 기도

1단계 찬양과 감사로 시작한다

제게 아버지를 주셔서 감사합니다. 주님은 선하시고 주님의 인자하심은 영원하십니다. 아버지의 주인 되시는 주님을 찬양합니다.

2단계 묶고 풀며 기도한다

그동안 아버지를 비판하고 원망했던 저를 용서해주옵소서. 성령님, 제게 아버지를 진심으로 용서할 수 있는 힘을 주옵소서. 아버지를 묶고 있는 불신과 원망과 폭력의 영을 대적한다. 떠나가라.

주님, 아버지가 지은 죄를 용서해주소서. 아버지가 하나님을 잘 몰라서 그렇습니다. 주님의 보혈로 우리 아버지를 씻고 덮어주옵소서.

3단계 소망의 그림을 그리며 계속한다

주님, 아버지가 예수님 믿고 구원받기를 원합니다. 구원받은 아버지가 주님 앞에 엎드려 기도하는 모습을 상상합니다. 이 소망의 그림을 주께 드리오니 실상이 되게 해주소서.

4단계 성령을 의지하며 간절히 구한다

기도의 영이신 성령님을 의지합니다. 아버지를 바라보는 주님의 눈을 제게 주소서. 아버지를 주님의 마음으로 대할 수 있도록 제 마음을 항상 다스려주소서. 아버지를 향한 주님의 약속의 말씀을 주소서. 주님, 아버지의 영혼이 주를 찾게 해주소서. 성경을 읽고 싶은 갈망을 아버지 마음에 부어주소서. 말씀을 읽거나 들을 때 진리를 깨닫게 해주소서. 이 땅에서도 하나님나라를 누리며 사는 은혜를 주옵소서.

5단계 축복하며 믿음으로 선포한다

하나님께서 아버지에게 복 주시길 원합니다. 하늘의 신령한 복을 주옵소서. 구원의 복과 영생의 복을 주소서. 주를 아는 복을 주시고 주님과 동행하는 복을 주소서. 땅의 소산의 복을 주옵소서. 하는 일이 잘되며 수고에 열매 맺는 복을 주소서. 자손이 잘되는 복과 자손을 누리는 복을 주소서.

주님이 아버지를 지켜주시기 원합니다. 몸을 지켜주시고 생각과 마음과 입을 항상 지켜주소서. 세속 가치로부터 지켜주시고 죄와 어둠으로부터 지켜주소서.

주님의 얼굴을 아버지에게 비추사 은혜 베푸시기 원합니다. 좋은 성품이 살아나고 장점이 드러나게 하소서. 잘한 일이 인정받고 수고가 열매 맺게 하소서. 주님의 얼굴을 아버지에게 향하여 드사 평강 주시기 원합니다.

슬픔을 위로해주시고 아픔을 치료해주소서. 필요를 채워주시고 불안을 잠재워주소서. 아버지는 주님의 자녀입니다. 주님은 아버지의 아버지이십니다. 예수님의 이름으로 아버지를 축복하며 기도합니다. 아멘.

남편의 구원을 위한 기도

1단계 찬양과 감사로 시작한다

이 사람이 제 남편인 것을 감사합니다. 남편이 가족을 위해 노력하고 수고함으로 감사합니다. 남편이 교회에 나오지 않지만 제 신앙생활을 인정해줘서 감사합니다.

남편이 교회 가는 날에 가끔 운전을 해줘서 감사합니다. 무엇보다 그를 위해 기도하게 하시니 참 감사합니다. 남편을 지으시고 돌보신 주님을 찬양합니다. 그를 위해 십자가를 지신 주님을 찬양합니다.

2단계 묶고 풀며 기도한다

복음을 깨닫지 못하도록 막는 거짓의 영을 대적한다. 떠나가라. 세상 것을 놓지 못하게 속이는 악한 영을 대적한다. 떠나가라. 두려움과 불안의 영을 대적한다. 떠나가라.

제가 남편을 비판하고 판단했습니다. 때로 원망하고 미워한 적도 많습니다. 인격을 모독한 적도 있습니다. 남과 비교해서 그의 자존심을 상하게 한 적도 있습니다.

주님 앞에 죄를 고백하오니 용서해주소서. 남편에게 화해의 손을 내밀 수 있는 용기를 주옵소서. 혹 그의 마음을 상하게 한 것이 있다면 생각나게 해주소서. 그에게 용서를 구할 수 있는 마음을 제게 주옵소서.

남편의 말과 행동으로 제 마음이 상한 적도 많습니다. 저도 그를 용서합니다. 주님, 우리 두 사람을 용서하여 주시고 하나가 되게 해주소서. 서로 묶은 것을 회개합니다. 묶인 것을 풀고 화해할 수 있는 기회와 용기를 주옵소서.

3단계 소망의 그림을 그리며 계속한다

교회에서 남편과 앉아 예배하길 소망합니다. 식탁에서 감사 기도를 함께하고 싶습니다. 무릎 꿇고 가족을 위한 기도를 남편과 하고 싶습니다. 취침 기도를 할 때는 남편의 손을 마주잡고 싶습니다. 아이들에게 성경 이야기를 들려주는 그의 모습을 소원합니다. 주님, 이 모습이 실상이 되게 해주옵소서.

4단계 성령을 의지하며 간절히 구한다

주여, 남편을 구원해주소서. 그에게 주님의 사랑을 계시해주소서. 아버지 되신 하나님을 찾게 해주소서. 주님을 향한 갈급한 심령을 주소서. 성경을 읽고 싶은 갈망과 교회에 가고 싶은 마음을 일으켜주소서. 주님, 남편에게 성령을 부어주시옵소서.

5단계 축복하며 믿음으로 선포한다

남편을 축복합니다. 하나님이 그에게 복 주시기 원합니다. 주를 찾는 복을 주소서. 주를 만나는 은혜를 주소서. 영원한 생명의 복을 주소서. 하나님이 남편을 지켜주시기 원합니다. 술을 비롯한 방탕한 세속 문화와 하나님을 대적하여 높아진 온갖 이론에서 지켜주소서. 질병과 사고의 위험에서 지켜주소서. 과로와 스트레스로 건강을 해치지 않도록 지켜주소서. 그의 영과 혼과 몸을 늘 지켜주소서.

주님의 얼굴을 남편에게 비추어주시기 원합니다. 장점이 살아나고 강점이 발휘되게 도우소서. 상처를 치유해주시고 결핍을 채워주소서.

주님의 얼굴을 남편에게 향하여 드사 평강 주시기 원합니다. 모든 짐을 주님 앞에 내려놓을 줄 아는 믿음의 복을 주소서. 그가 기쁨과 평안을 맛보며 행복하게 살게 해주옵소서. 예수 그리스도의 이름으로 남편을 축복하며 기도합니다. 아멘.

교회를 떠난 자녀를 위한 기도

1단계 찬양과 감사로 시작한다

주님, 이 아이를 제 자녀로 주셔서 감사합니다. 교회를 떠났지만 아직 주님을 떠나지 않은 것을 감사합니다. 그동안 아이를 통해 주님의 사랑을 경험했습니다. 아이가 어렸을 때는 기쁨도 많이 누렸습니다. 선물과 상으로 아이를 주신 것을 기억하며 감사드립니다.

방황하는 시기에도 아이와 함께할 수 있어 감사합니다. 아이를 이 땅에 보내신 주님의 선한 계획과 아름다운 뜻이 여전함을 믿고 주님을 찬양합니다. 아이를 통한 주님의 뜻을 반드시 이루시고 주님이 영광을 받으소서.

2단계 묶고 풀며 기도한다

아이에게 제가 상처 준 일을 회개합니다. 칭찬하기보다는 지적했고, 존중하기보다는 잔소리를 많이 했습니다. 아이의 행복보다 내 체면을 더 생각했습니다. 하나님 말씀을 듣고 지키는 것보다 학교 성적을 더 중요시했습니다.

교회에 가는 것보다 학원에 가는 것을 더 우선시한 적도 많습니다. 주님, 회개하오니 용서해주소서. 아이에게 미안하다고 말할 용기를 제게 주소서. 화해할 기회를 놓치지 않도록 도와

주옵소서. 아이를 속이는 거짓의 영을 예수 이름으로 대적한다. 잠잠하라. 아이를 묶고 있는 낙심과 열등감의 영을 대적한다. 떠나가라. 아이 안에 있는 불안과 두려움의 영을 대적한다. 떠나가라.

3단계 소망의 그림을 그리며 계속한다

자신의 의지와 뜻과 정성을 다해 주님을 찬양하고 기도하는 아이의 모습을 소망합니다. 이 모습을 제 눈으로 볼 수 있는 은혜를 주옵소서. 이것이 이루어질 때까지 포기하지 않고 기도할 수 있는 힘을 제게 주옵소서.

4단계 성령을 의지하며 간절히 구한다

우리 아이에게 성령을 부어주소서. 성령을 따라 생각하고 행하게 하소서. 성령으로 세례를 베푸소서. 성령으로 충만하게 해주소서.

선과 악을 분별하게 하소서. 선을 택할 줄 아는 용기를 주소서. 진리를 찾는 갈급한 마음을 부어주소서. 주님을 더욱 사랑하는 주님의 자녀가 되게 해주소서.

자신 안에 있는 어둠을 미워하고 스스로 빛을 찾게 해주옵소서. 교회 공동체의 유익과 아름다움을 다시 볼 수 있도록 인도해주소서. 청년의 시기에 창조주를 기억하고 예배하는 삶을 살게 해주옵소서. 부르심을 따라 살도록 도와주옵소서.

하나님께서 이 아이에게 복을 주시길 원합니다. 밝은 마음과 좋은 생각을 주옵소서. 진리를 말하는 입이 되게 하옵소서. 세상을 살아갈 힘과 용기를 주옵소서. 즐겁게 일할 직장을 주옵소서.

좋은 친구와 이웃이 되게 하소서. 아이에게도 좋은 친구와 이웃을 주옵소서. 누군가의 좋은 배우자로 준비되게 해주소서. 미래에 좋은 부모가 되게 해주옵소서. 복된 가정을 이룰 수 있도록 짝을 예비해주소서. 가정을 이룰 수 있는 복을 주옵소서. 하나님께서 아이를 지키시길 원합니다. 죄와 어둠과 사고와 질병으로부터 지켜주옵소서. 세속의 가치와 유혹과 욕심으로부터 지켜주옵소서.

거짓과 속임과 악한 생각으로부터 지켜주옵소서. 음란과 폭력과 중독으로부터 지켜주옵소서. 아이의 눈과 귀를 지켜주옵소서. 손과 발과 입을 지켜주옵소서. 무엇보다 가장 중요한 마음을 항상 지켜주옵소서.

우리 아이를 향해 주님의 얼굴빛을 비춰주옵소서. 은사가 살아나게 하소서. 재능이 개발되게 하소서. 선한 성품이 드러나게 하소서. 주님의 뜻과 계획이 빛을 발하게 하소서. 자신의 빛깔과 향기를 발하며 부르심을 따라 행복하게 살게 하소서. 복을 받고 복을 나누는 삶을 살게 해주옵소서. 주님의 은혜에 감사하며 사는 복을 주옵소서.

하나님의 얼굴을 이 아이를 향하여 드사 평강을 주옵소서. 상처를 싸매시고 아픔을 낫게 해주소서. 무너진 자존감을 회복시켜주소서. 영적 결핍을 채워주소서. 메마른 정서를 채워주소서. 예수 그리스도의 이름으로 사랑하는 아이를 축복하며 기도합니다. 아멘.

시댁을 위한 기도

1단계 찬양과 감사로 시작한다

저를 시댁 가족의 일원으로 삼으신 주님, 감사합니다. 제 남편을 낳고 기르신 시부모님이 계시매 감사드립니다. 만물의 창조주이시며 모든 일의 절대 주권자이신 주 하나님을 찬양합니다. 저와 시댁을 통해 주의 이름이 높임을 받으소서. 주의 일을 행하시고 주님이 영광을 받으소서.

주님은 모든 가정의 아버지이십니다. 시댁 식구들을 위해 십자가를 지신 예수님을 찬양합니다. 가족들 한 사람 한 사람을 특별히 사랑하시는 주님, 영광을 받으소서. 가족 모두에게 찬양 받기 합당하신 주여, 높임을 받으소서. 시댁을 향한 주님의 선하심은 변함이 없고 그 사랑은 영원하십니다.

2단계 묶고 풀며 기도한다

주님, 제가 시댁 식구들을 때로 미워하고 원망했습니다. 이해할 수 없다고 비판하고 욕도 했습니다. 시댁에 대해 험담도 했습니다. 가끔 시부모와 남편 사이를 이간하는 말도 했습니다. 시어머니와 시누이들의 단점을 가지고 부풀려 비판했습니다. 시댁 형제 사이를 갈라놓는 말을 하기도 했습니다.

제 악함을 회개합니다. 제 입의 말을 다 아시는 주님, 제 입을

씻어주옵소서. 저를 용서해주소서. 이제부터 평화의 사도가
되겠습니다. 시댁에 복음을 전하고 가족의 구원을 위해 기도
하는 사람이 되겠습니다. 그리스도의 향기와 편지가 되겠습
니다. 시댁 식구들을 보는 주님의 눈을 주소서. 그들을 사랑
할 수 있도록 주의 마음을 제게 주옵소서.

불신과 미움의 영을 대적한다. 떠나가라. 질병과 가난의 영에
게 명한다. 이 집에서 떠나가라. 우상 숭배의 악한 영아, 너를
대적한다. 떠나가라. 이 집은 네가 거할 곳이 아니다. 어둠아,
떠나가라. 이 집은 주 예수 그리스도가 주인인 것을 선포한다.
내가 예수 이름으로 명령한다. 모든 악한 영은 이 집에서 떠나
갈지어다.

3단계 소망의 그림을 그리며 계속한다

주님, 시댁 식구들이 모두 주님을 예배하는 모습을 소망합니
다. 서로 사랑하고 축복하며 성령으로 하나 된 가족 모임을
소망합니다. 이 모습이 실상이 되게 해주소서.

이 소망의 그림을 제 눈으로 볼 때까지 기도를 쉬지 않겠습니
다. 인내하며 기도하겠습니다. 이 모습이 이루어지도록 빛을
비추기 위해 헌신하고 희생하겠습니다. 주님, 끝까지 기도할
힘과 능력을 제게 주소서. 소망의 그림을 더 선명하게 바라보
며 기도할 수 있는 믿음을 주옵소서.

4단계 성령을 의지하며 간절히 구한다

성령께서 항상 제 생각과 마음을 다스려주소서. 무엇보다 제 입술을 지켜주옵소서. 가족이 구원받고 하나 되는 축복의 통로가 되게 해주옵소서.

시부모님을 구원하소서. 복음을 들을 때 깨닫는 은혜를 주소서. 교회에 가면 마음이 맑아지고 머리가 시원해지게 하소서.

시댁 형제들을 구원하소서. 영생을 사모하는 마음을 주옵소서. 영원한 진리를 찾게 하소서.

주님의 사랑을 갈망하게 하소서. 십자가 앞에 나올 수 있는 기회를 주옵소서. 주변에 좋은 그리스도인을 붙여주소서. 좋은 교회를 만나게 해주소서. 주를 믿고 의와 희락과 평강을 누리며 살게 하소서. 하나님나라를 구하며 복된 삶을 살게 해주소서.

5단계 축복하며 믿음으로 선포한다

주님이 시댁 식구들에게 복을 주시기 원합니다. 하늘의 신령한 복을 주소서. 주님의 자녀가 되는 복을 주소서. 이 땅의 소산의 복을 주소서. 성실하게 일하고 정당한 대가를 얻는 복을 주소서.

주님이 시댁 식구들을 지켜주시기 원합니다. 물질만능과 외모지상주의로부터 지켜주소서. 거짓 메시지와 가짜 뉴스로부터 지켜주소서. 영과 혼과 몸을 항상 지켜주옵소서.

하나님 아버지의 얼굴의 빛을 비추사 시댁에 은혜 베푸시기 원합니다. 구원의 빛을 비추사 주님의 형상이 회복되는 가족이 되게 하소서. 거룩한 빛을 비추사 존귀한 주의 자녀들이 다 되게 하소서.

주님의 얼굴을 향하여 드사 시댁에 평화를 주시기 원합니다. 가족에게 진리의 빛을 비추사 왜곡된 시각을 바르게 펴주소서. 사랑의 빛을 비추사 서로 사랑하는 따뜻한 가족 되게 하소서. 시댁의 가족 모두를 축복하며 예수님의 이름으로 기도합니다. 아멘.

처가를 위한 기도

1단계 찬양과 감사로 시작한다

주님, 저를 처가 식구들의 가족이 되게 하셔서 감사합니다. 가족 구원을 위해 혼자 외롭게 기도하고 있는 아내에게 저를 보내어 힘을 주시니 감사드립니다. 처가를 향한 주의 계획은 선하시고, 주의 사랑은 영원하십니다. 예수님이 이 가정의 주인 되심을 찬양합니다. 주의 이름이 높임을 받으소서.

2단계 묶고 풀며 기도한다

복음의 빛을 가리는 어둠을 대적한다. 떠나가라. 진리를 가리는 거짓의 영을 대적한다. 떠나가라. 오랜 세월 동안 우상을 숭배한 죄, 진리를 외면하고 복음을 거절한 죄를 대신 회개합니다. 주님, 긍휼과 은혜를 베푸사 용서해주소서.

3단계 소망의 그림을 그리며 계속한다

장인어른과 장모님이 나란히 앉아 예배하는 모습을 그립니다. 처제와 처남이 찬양하는 모습을 그립니다. 온 가족이 손잡고 기도하는 모습을 상상합니다. 가족들을 바라보며 환하게 웃는 아내 모습을 그립니다. 이 모든 그림이 실상이 되게 해주옵소서.

가족 구원을 바라는 아내의 기도를 응답해주소서. 아내가 지치지 않도록 격려해주소서. 아내와 제가 성령 안에서 성령을 따라 기도하게 하소서. 주님의 사랑으로 장모님 마음을 만져주소서. 아버님이 주를 의지하도록 상황을 열어주소서.

처남이 주의 이름을 부르게 하소서. 처제가 주께 돌아오게 해주소서. 주여, 처가를 위해 기도하는 제 기도를 들으소서. 온 가족이 구원을 얻게 해주옵소서.

주님이 처가에 복 주시길 원합니다. 구원과 회복의 복을 주소서. 주의 이름을 부르고 주를 찬양하는 복을 주소서. 온 가족이 다 같이 예배하는 복을 주소서. 가족이 복음으로 하나 되는 복을 주옵소서. 주님이 처가 식구들을 지키시기 원합니다. 세속의 가치로부터 생각을 지켜주소서. 세상 염려로 마음이 둔해지지 않도록 지켜주소서.

주님의 얼굴의 빛을 처가에 비추사 은혜 베푸시기 원합니다. 주를 사모하는 은혜, 주를 찾는 은혜를 주소서. 창조주를 기억하고 돌아오는 은혜를 주옵소서. 주의 얼굴을 처가로 향하여 드사 평강을 주옵소서. 주의 나라를 구하고 주의 이름을 영화롭게 하는 가족이 되게 해주소서. 예수님의 이름으로 처가의 모든 가족을 축복하며 기도합니다. 아멘.

부모님을 위한 기도

1단계 찬양과 감사로 시작한다

부모님을 주신 주님을 찬양합니다. 나고 자란 제 모든 삶에 부모님을 주신 주님, 감사드립니다. 그들의 헌신과 희생에 감사드립니다. 주님의 선하심과 인자하심을 찬양합니다.

2단계 묶고 풀며 기도한다

그동안 부모님을 공경하지 못한 죄를 회개합니다. 마음을 상하게 해드린 말과 행동을 회개합니다. 때로 부모님을 오해하고 원망했던 잘못도 회개합니다. 주님, 어리석고 무지한 저를 용서해주소서. 제가 부모님께 용서를 구할 때 그들의 마음도 풀어주옵소서.

부모님의 마음을 염려와 근심으로 묶고 있는 어둠의 영을 대적한다. 떠나가라. 부모님의 생각을 걱정과 후회로 묶고 있는 어둠의 영을 대적한다. 떠나가라.

3단계 소망의 그림을 그리며 계속한다

"그는 늙어도 여전히 결실하며 진액이 풍족하고 빛이 청청하니"라는 시편 92편 14절 말씀을 소망합니다. 부모님이 이렇게 사는 것을 보게 해주옵소서.

4단계 성령을 의지하며 간절히 구한다

부모님이 범사에 감사를 말하게 하소서. 그 마음을 기쁨으로 항상 채워주소서. 그들이 그동안 기도한 것의 응답을 보게 해주소서. 응답되지 않은 것도 포기하지 않고 끝까지 기도하는 믿음을 부모님께 주소서.

부모님의 영이 구원의 소망으로 가득하게 하소서. 남은 삶을 주 안에서 잘 살게 해주소서. 성령 안에서 성령을 따라 사는 은혜를 주옵소서. 매 시간 성령과 동행하며 살게 해주소서. 성령으로 거듭난 사람의 모습을 후손에게 남기게 해주소서. 부모님의 영혼육을 강건하고 충만하게 해주소서.

5단계 축복하며 믿음으로 선포한다

주님이 부모님께 복 주시기 원합니다. 남은 생도 종려나무같이 번성하는 복을 주소서. 주님의 뜰 안에서 성장하고 번성하는 복을 주소서. 하나님이 바위 되심을 선포하는 복을 주소서. 여호와의 정직하심을 나타내는 복을 주소서.

주님이 부모님을 지켜주시기 원합니다. 질병의 고통으로부터 몸과 마음을 지켜주소서. 판단력이 흐려지지 않도록 뇌를 지켜주소서. 걱정과 염려로부터 생각을 지켜주소서. 죽음의 공포와 두려움으로부터 영을 지켜주소서. 구원의 확신을 주시고 천국에 대한 소망을 보여주소서.

주님의 얼굴의 빛을 부모님께 비추사 은혜 베푸시기 원합니다. 모든 좋은 것들을 기억나게 하소서. 잘 살아온 지난 삶을 돌아보게 하소서. 후회되는 것들 안에서도 잘한 것을 발견하게 하소서. 절망했던 과거에서도 주의 은혜를 찾고, 부족한 것들 중에서도 감사를 고백하게 하소서.

주님의 얼굴을 부모님께 향하여 드사 평안을 주시기 원합니다. 천국에 대한 소망으로 평안을 누리게 하소서. 남은 생도 보람 있게 사는 기쁨을 주소서. 자손을 주님 손에 의탁하는 믿음으로 평안을 갖게 하소서. 예수님 이름으로 부모님을 축복하며 기도합니다. 아멘.

자녀의 결혼을 위한 기도

1단계 찬양과 감사로 시작한다

주님, 제게 자녀를 주셔서 감사합니다. 아이를 낳고 키우면서 참 많은 복을 누렸습니다. 아이가 어느새 자라서 성인이 되었습니다. 이제 아이의 결혼을 위해 기도하는 복을 주시니 또한 감사드립니다. 아이를 향한 주님의 선하심은 언제나 동일하십니다. 아이를 향한 영원하신 주님의 사랑을 찬양합니다.

2단계 묶고 풀며 기도한다

주님, 우리 기성세대의 잘못을 회개합니다. 결혼의 가치를 훼손하고 좋은 가정의 본을 보이지 못했습니다. 젊은이들에게 결혼에 대한 소망을 막았습니다. 용서해주소서.
결혼의 가치를 훼손하는 악한 영을 대적한다. 이 땅에서 떠나가라. 결혼에 대한 소망을 갖지 못하게 막는 악한 영을 대적한다. 이 사회에서 떠나가라. 결혼에 대한 두려움을 대적한다. 떠나가라.

3단계 소망의 그림을 그리며 계속한다

아이가 행복하게 사는 모습을 그립니다. 서로 사랑하고 존경하는 부부의 모습을 그립니다. 양가 가족들에게 사랑받고 축복받는 모습을 그립니다. 자녀들의 즐거운 부모가 된 모습을 상상합니다.

천하 만민에게 축복이 되는 그런 가정을 이루길 소망합니다. 주님, 이런 복된 모습이 실상이 되게 해주소서.

4단계 성령을 의지하며 간절히 구한다

아이가 좋은 사람을 만나길 원합니다. 서로 사랑하는 사람을 만나게 해주소서. 그 전에 결혼을 잘 준비할 수 있도록 도와주소서. 결혼에 대한 소망을 주소서. 사람을 만나고자 하는 소원을 주소서. 결혼을 하고 좋은 가정을 이룰 수 있다는 믿음과 자신감을 주소서.

주님, 아이에게 성령을 부어주소서. 세상적인 이론과 가치를 내려놓도록 생각을 다스려주소서. 사랑은 모든 두려움을 쫓는다고 하셨으니 참 사랑을 계시해주소서. 결혼과 사람에 대한 믿음과 소망과 사랑을 주소서.

무엇보다 주를 의지하게 하소서. 주님이 짝지어준 사람을 만나게 하소서. 축복받는 결혼을 할 수 있도록 도와주옵소서.

5단계 축복하며 믿음으로 선포한다

주님이 아이에게 짝을 만나는 복을 주시길 원합니다. 좋은 사람이 되는 복을 주소서. 좋은 사람을 만나는 복을 주소서. 하나님이 아이의 삶에 복을 주소서. 사람을 만나고 교제하고 결혼해서 가정을 이루는 모든 과정에 복 주소서.

좋은 배우자와 부모가 되는 복을 주소서. 좋은 배우자와 자식을 만나는 복을 주소서. 그래서 행복한 가정을 이루도록 복을 주소서.

하나님이 아이를 지키시길 원합니다. 마음과 몸과 생각을 거룩하게 지켜주소서. 그의 짝의 마음과 몸과 생각도 거룩하게 지켜주소서. 그가 이룰 가정을 끝까지 지켜주소서.

하나님의 얼굴빛을 아이에게 비추사 은혜 베푸시기 원합니다. 좋은 배우자가 될 수 있는 지혜와 사랑과 인내와 넓은 마음을 주소서. 그의 짝이 될 사람에게도 지혜와 사랑과 인내와 넓은 마음을 주소서. 사람과 세상을 바라보는 주님의 관점을 두 사람에게 동일하게 주소서. 주님 닮은 성품이 빛을 발하게 하소서.

주님의 얼굴을 향하여 드사 평강 주시길 원하며 믿음으로 선포합니다. 짝을 만날지어다. 복된 가정을 이룰지어다. 재능과 은사가 결혼생활 내내 발휘될지어다. 가정과 이웃에 복이 될지어다.

아이를 지금부터 영원까지 주님 이름으로 축복합니다. 그의 짝이 될 사람도 지금부터 영원까지 예수님 이름으로 축복합니다. 예수님의 이름으로 기도합니다. 아멘.

미래의 배우자를 구하는 기도

1단계 찬양과 감사로 시작한다

제 인생에 대한 계획이 주님 손에 있기에 감사합니다. 지금까지 저를 인도하시고 돌보신 주님의 선하심을 찬양합니다. 앞으로도 변함없는 사랑으로 저를 이끄실 주님을 의지합니다. 주님은 좋은 분이십니다. 주님 이름이 언제나 높임을 받으소서.

2단계 묶고 풀며 기도한다

미래에 대한 염려로 내 생각을 묶는 어둠을 대적한다. 떠나가라. 불안과 불신을 조장하는 악한 영을 대적한다. 내 마음에서 떠나가라. 결혼을 두렵게 하는 거짓의 영에게 명령한다. 잠잠하라. 저 자신과 부모와 사회를 원망했던 마음을 주님 앞에 내려놓습니다. 주님을 알면서도 제 마음대로 산 적이 많습니다. 용서해주소서. 예수님이 제 주인이심을 다시 고백하오니 저를 다스려주소서.

3단계 소망의 그림을 그리며 계속한다

주님이 짝지어준 배우자를 만나고 싶습니다. 그 사람과 즐겁게 데이트하는 모습을 상상합니다. 축복받는 제 결혼식 장면을 그림으로 그립니다. 서로 사랑하는 우리 부부를 바라봅니다. 복을 받고 복을 나눠주는 복된 제 가정을 꿈꿉니다. 주님, 이 모든 소망의 그림이 실상이 되게 해주옵소서.

4단계 성령을 의지하며 간절히 구한다

주님, 먼저 제가 좋은 배우자로 준비되게 해주소서. 제 생각과 마음과 말을 성령께 복종합니다. 올바른 가치관을 갖도록 저를 지도해주소서. 건강한 몸을 주시고, 넓은 마음을 주소서. 결혼을 준비할 수 있는 재정의 문을 열어주소서. 여호와 이레의 하나님을 의지합니다. 영적, 정서적, 물질적인 모든 필요를 채워주소서.

5단계 축복하며 믿음으로 선포한다

주님, 저를 축복해주소서. 좋은 주님의 사람, 좋은 이웃이 되는 복을 주소서. 좋은 배우자와 부모가 되는 복을 부어주소서. 주님, 저를 지켜주소서. 제 생각과 마음을 세속의 가치로부터 지켜주소서. 제 입을 불신과 부정적인 것으로부터 지켜주소서.

주님의 얼굴의 빛을 제게 비추사 은혜를 베푸소서. 배우자를 만나는 은혜를 주소서. 배우자를 사랑하고 그에게 사랑받는 은혜를 주소서. 결혼하고 가정을 이루는 복된 삶의 은혜를 주소서. 주님의 얼굴을 항상 제게 향하여 드사 제 삶에 평화가 넘치게 해주옵소서.

미래의 제 배우자를 위해 축복 기도합니다. 하나님은 그에게 복을 주시고 그를 지키시기 원하며, 주님의 얼굴의 빛을 그에게 비추사 은혜 베푸시기 원하며, 주님의 얼굴을 그에게 향하여 드사 평강 주시기를 원합니다. 예수님의 이름으로 그를 축복합니다.

믿음으로 선포한다. 나는 좋은 배우자가 될 수 있다. 나는 좋은 부모가 될 수 있다. 나는 복된 가정을 이룰 것이다. 주님은 항상 나와 함께 계신다. 내 미래는 주님 손에 있다. 주님은 나를 아시고 사랑하신다. 나는 주님의 소중한 자녀임을 선포한다. 예수님의 이름으로 미래의 배우자를 축복하며 기도합니다. 아멘.

아내의 행복을 위한 기도

1단계 찬양과 감사로 시작한다

여자를 만드신 주님을 찬양합니다. 그 여자를 제게 아내로 주셔서 감사합니다. 아내는 주님이 제게 베푸신 놀라운 은총입니다. 아내와 함께 사는 복을 주신 주님을 찬양합니다.

2단계 묶고 풀며 기도한다

아내의 마음을 헤아리지 못한 제 잘못을 회개합니다. 아내를 제때 돕지 못한 게으름을 회개합니다. 아내 눈에서 때로 눈물을 흘리게 한 죄를 회개합니다. 주님, 저를 용서해주소서. 아내에게도 사과하기 원합니다. 제게 용기와 기회를 주옵소서. 아내를 묶고 있는 모든 불안의 영을 대적한다. 떠나가라. 아내의 정체성을 무너뜨리는 모든 거짓의 영을 대적한다. 잠잠하고 떠나가라.

3단계 소망의 그림을 그리며 계속한다

매일 가족을 향해 환하게 웃는 아내의 미소를 그립니다. 수고한 일에 열매를 거두는 모습을 그립니다. 주님을 사랑하고 자신을 사랑하며 가족을 사랑하고 이웃에게 사랑을 나누는 행복한 아내를 제 눈으로 항상 보게 해주소서.

주님이 아내에게 이슬같이 되소서. 아내가 백합꽃같이 피게 하소서. 아내에게 사랑을 베풀어주소서. 그 사랑 안에서 아내가 뿌리박게 하소서.

주님이 아내의 힘과 지혜와 능력이 되소서. 선한 영향력이 아내로부터 흐르게 하소서. 아내의 아름다움이 제 빛깔을 드러내고 아내에게 주신 향기가 퍼지게 하소서.

주님이 아내에게 성령으로 기름을 부으소서. 아내의 그늘에 거주하는 자가 주님의 은총을 받게 하소서. 그들이 곡식같이 풍성하고 포도나무같이 꽃이 피게 하소서. 그 향기는 레바논의 포도주와 같게 하소서. 아내의 섬김과 기도로 말미암아 주님께 돌아오는 자들이 많게 하소서. 그리하여 아내가 하늘의 별과 같이 영원히 빛나게 하소서.

5단계 축복하며 믿음으로 선포한다

하나님은 아내에게 복을 주시기 원하며 아내를 지키시길 원합니다. 아내에게 주님의 얼굴의 빛을 비추사 은혜 베푸시기 원합니다. 주님의 얼굴을 아내에게 향하여 드사 평강 주시기 원합니다. 예수 그리스도의 이름으로 사랑하는 아내를 축복합니다. 믿음으로 선포합니다.

내 아내는 아침빛같이 뚜렷한 여자입니다. 내 아내는 달같이 아름다운 여자입니다. 내 아내는 해같이 맑은 여자입니다. 내

아내는 깃발을 세운 군대같이 당당한 여자입니다. 사랑하는
아내를 축복하며 예수님의 이름으로 기도합니다. 아멘.

자녀를 위한 기도

1단계 찬양과 감사로 시작한다

주님, 제게 자녀를 선물로 주셔서 감사합니다. 아이를 통해 하나님의 사랑을 알게 하시니 감사합니다. 힘들 때 아이를 보며 힘을 얻게 하시니 감사합니다.

상으로 주신 자녀로 인해 격려를 받습니다. 아이와 함께하는 모든 것이 즐겁고 행복합니다. 이 땅에 어린아이를 보내신 주님을 찬양합니다. 주님, 청소년기에도 주님이 영광을 받으소서. 아이를 향한 주의 선하심은 변함이 없고 주님의 사랑도 영원함을 믿습니다.

2단계 묶고 풀며 기도한다

때로 아이 키우기 힘들다고 불평했습니다. 가끔 아이에게 소리를 질렀습니다. 부부싸움을 해서 아이를 공포스럽게 한 적도 있습니다.

주님, 회개합니다. 저와 남편을 용서해주세요. 아이 뒤에서 지지하기보다 앞에서 억지로 끌고 간 제 어리석음을 회개합니다. 아이를 인정하기보다 지적하기 바빴던 제 잘못을 고백하오니 용서해주소서.

아이의 인성과 신앙보다 성적을 우선시한 죄도 깨닫습니다.

용서를 구합니다. 공부에 대한 지나친 압박과 성적에 대한 스
트레스를 준 제 잘못도 용서해주소서.

주의 교양과 훈계로 양육하지 않고 세상과 제 욕심을 따라
양육한 잘못을 회개합니다. 아이를 노엽게 한 죄를 회개하오
니 주여, 저를 용서해주소서. 아이에게도 용서를 구할 수 있는
기회와 용기를 주소서.

아이를 위협하는 모든 악한 것을 예수 이름으로 대적한다. 떠
나가라. 아이를 불안하게 하는 악한 영을 대적한다. 잠잠할
지어다. 아이를 유혹하는 음란과 폭력의 영을 대적한다. 떠
나가라. 아이 몸의 면역은 활발하게 기능할지어다. 천사들은
아이를 항상 보호할지어다.

3단계 소망의 그림을 그리며 계속한다

아이의 영혼육이 항상 건강하길 소망합니다. 밝고 즐겁게 뛰
노는 아이 모습을 그립니다. 아이의 웃음소리가 가득한 우리
집을 그립니다. 주님, 행복한 아이를 늘 보게 해주소서.

아침에 웃으면서 일어나는 아이 얼굴을 그립니다. 힘찬 발걸
음으로 학교 가는 뒷모습을 그려봅니다. 하나님께 엎드려 기
도하는 아이를 상상합니다. 자신의 비전을 발견하고 환호하
는 아이를 그립니다. 그 비전을 향해 스스로 노력하는 진지
한 모습도 그려봅니다. 주님, 이것이 실상이 되도록 도와주옵
소서.

잘 먹고 잘 놀고 잘 자게 해주소서. 잘 웃고 호기심도 왕성하고 질문도 많은 아이 되게 하소서. 친구들과 동물을 다정하게 대하는 아이가 되게 하소서. 하나님과 사람에게 늘 사랑받는 아이가 되게 하소서.

두 손 모아 기도하고 주님께 사랑을 고백하는 아이가 되게 하소서. 어려운 친구에게 손을 내미는 마음이 따뜻한 아이가 되게 하소서. 시냇가에 심은 의의 나무로 자라게 해주소서.

성령을 부어주소서. 성령으로 세례를 베풀어주소서. 성령으로 거듭나게 해주소서. 성령으로 충만하게 하소서. 성령을 따라 살게 하소서. 스스로 성령의 힘과 능력을 구하며 성령과 말씀에 복종하며 살게 해주소서.

주님이 아이에게 복 주시길 원합니다. 주님을 아는 지혜의 복을 주소서. 선과 악을 분별하는 분별력을 주소서. 선을 택할 줄 아는 용기를 주소서. 선을 실행할 줄 아는 믿음의 복을 주소서.

은사가 개발되도록 복을 주소서. 재능이 발전하도록 복을 주소서. 비전을 향해 달려가는 자신감을 주소서. 알차고 행복한 유년기와 청소년기를 보내도록 축복해주소서.

주님이 아이를 지켜주시길 원합니다. 욕심과 이기심으로부터 지켜주소서. 욕과 거짓말을 하지 않도록 입을 지켜주소서. 바른 생각을 할 수 있도록 생각을 늘 지켜주소서. 질병과 위험과 사고와 악한 사람들로부터 아이를 지켜주소서.

죄와 유혹으로부터 지켜주소서. 폭력과 음란과 방탕한 술 문화로부터 지켜주소서. 손과 발이 죄를 짓지 않도록 지켜주소서. 보는 것과 듣는 것을 지켜주소서. 무엇보다 생명의 근원인 마음을 항상 지켜주소서.

아이에게 주님의 얼굴의 빛을 비추사 은혜 베푸시기 원합니다. 좋은 성품이 살아나게 하소서. 주님이 주신 기질과 성향이 잘 드러나게 하소서. 태아 때부터 지금까지 살면서 혹 상처받은 것이 있다면 치유해주소서. 아이가 자신의 빛깔을 사랑하고 자신의 향기를 즐거워하게 하소서. 자신의 비전을 알게 하소서. 비전을 위해 전심전력하게 하소서. 성실한 마음과 부지런한 손을 주소서.

주님의 얼굴을 아이에게 향하여 드사 평강 주시기를 원합니다. 주님 나라의 군사가 될 것을 믿고 선포합니다. 천하 만민에게 복을 전해주는 축복의 통로가 될 것을 믿습니다. 즐거움의 기름을 아이에게 부어주소서. 기쁨을 충만하게 부어주소서. 예수 그리스도의 이름으로 우리 아이를 축복하며 기도합니다. 아멘.

결혼한 자녀의 가정과 손주를 위한 기도

1단계 찬양과 감사로 시작한다

주님, 제 아이가 결혼을 했습니다. 배우자를 주셔서 가정을 이루게 하셔서서 감사합니다. 선한 목자 되신 주님을 찬양합니다. 주님, 귀한 손주를 주셔서 참 감사합니다. 어쩜 이리도 어여쁠 수 있을까요. 사람을 만드신 주님을 찬양하고 또 찬양합니다.

2단계 묶고 풀며 기도한다

부부 사이를 파고드는 분열의 영을 대적한다. 떠나가라. 가정을 파괴하는 거짓의 영을 대적한다. 떠나가라. 세상에 휩쓸리도록 유혹하는 미혹의 영을 대적한다. 떠나가라.
예수 이름으로 선포한다. 사랑과 기쁨이 충만한 가정이 될지어다. 복을 받고 복을 나눠주는 복된 가정이 될지어다. 주님, 손주를 주님의 보혈로 덮어주세요. 천사를 보내서 항상 지켜주세요. 예수 이름으로 명령한다. 아이를 위협하는 모든 악한 것은 썩 물러나라.

3단계 소망의 그림을 그리며 계속한다

부부가 하나님을 중심에 모시고 끝까지 함께하게 하소서. 꼭 잡은 서로의 손을 언제 어디서나 놓지 않게 하소서. 서로 눈을 바라보며 수시로 사랑을 고백하게 하소서. 만날 때마다 꼭 안고 서로를 격려하게 하소서.

자녀와 함께 놀고, 함께 책을 읽고, 가족 여행을 함께하게 하소서. 가족이 함께 기도하고 말씀을 듣고 찬양하게 하소서. 이런 자녀의 결혼생활을 보게 해주소서. 손주가 어려서부터 성령 충만하고 정서가 풍부하며 강건한 몸을 갖게 하소서. 그렇게 자라는 아이 모습을 늘 보게 해주소서.

4단계 성령을 의지하며 간절히 구한다

부부가 서로 사랑하며 살게 하소서. 아내를 소중히 여기는 남편 되게 하소서. 남편을 존경하는 아내 되게 하소서. 성령을 부어주소서. 성령께 복종하며 살게 하소서. 부르심을 성취하는 복된 가정 되게 하소서.

손주를 위해 성령을 의지하여 기도합니다. 사랑받고 사랑을 줄 줄 아는 사람으로 자라게 하소서. 주님 안에서 지혜롭고 총명하게 자라게 하소서. 하나님을 사랑하고, 이웃을 소중히 여기는 사람으로 자라길 기도합니다.

또 부모 말씀에 순종하고, 친구들과 좋은 관계를 맺는 아이로 자라길 원합니다. 형제자매뿐 아니라 사촌들과도 우애 있게 지내는 행복을 누리게 해주소서.

주님, 무엇보다 우리 손주에게 성령을 부어주시길 간구합니다. 그래서 하나님 집에 심은 의의 나무가 되게 해주소서. 또한 나라와 역사에 도움이 되는 훌륭한 사람으로 자라게 하옵소서.

5단계 축복하며 믿음으로 선포한다

주님이 이 가정에 복 주시길 원합니다. 일자리의 복과 일한 만큼 얻는 소산의 복을 주소서. 자녀의 복을 주소서. 좋은 공동체의 복을 주소서.

부부가 서로 사랑하는 기쁨의 복을 주옵소서. 하나님이 가정 안에 두신 뜻을 아는 복을 주소서. 그 뜻을 실행하고 누리는 복을 주옵소서. 주님이 지켜주시기 원합니다. 끝까지 이 가정을 지켜주소서.

부부 관계를 지켜주시고, 부모 자녀 관계를 지켜주소서. 주님의 얼굴을 비추사 은혜 베푸시기 원합니다. 부부가 연합할 때 생기는 놀라운 비밀이 드러나게 하소서.

주님의 얼굴을 향하여 드사 평강 주시기 원합니다. 서로 감싸고 이해하고 도우면서 사는 친밀한 부부가 되게 하소서.

하나님은 손주에게 복 주시기 원합니다. 하나님은 손주를 지키시기 원합니다. 하나님은 손주에게 주님의 얼굴을 비추사 은혜 베푸시기 원합니다. 하나님은 그 얼굴을 손주에게 향하여 드사 평강 주시기를 원합니다. 예수님 이름으로 우리 손주를 축복합니다. 아멘!

예수 이름으로 선포한다. 사랑과 기쁨이 충만한 가정이 될지
어다. 천하 만민에게 복을 나눠주는 복된 가정이 될지어다.
예수님의 이름으로 축복하며 기도합니다. 아멘.

복된 가정을 위한 기도

1단계 찬양과 감사로 시작한다

우리 가정의 주인이신 주님을 찬양합니다. 주님이 우리 가족을 위해 십자가를 지셨습니다. 구원자이신 주님을 찬양합니다. 주님이 예배와 경배와 찬양을 받으소서. 예수님 이름이 높임을 받으소서. 하나님 아버지의 이름이 거룩히 여김을 받으소서.

2단계 묶고 풀며 기도한다

싸움을 부추기는 악한 영을 대적한다. 떠나가라. 복음의 빛을 가리는 어둠을 대적한다. 떠나가라. 거짓과 속임의 영을 대적한다. 가족들의 생각에서 떠나가라. 가난과 질병과 무지로 묶고 있는 어둠아, 너를 대적한다. 떠나갈지어다. 이 집은 더 이상 네 집이 아니다. 주 예수 그리스도의 집인 것을 선포한다. 내가 예수 이름으로 명하노니 당장 떠날지어다.

주님, 가족 대신 용서를 구합니다. 우상을 숭배한 죄, 하나님의 이름을 망령되게 한 죄를 회개하오니 용서해주소서. 우리 가족이 주님을 몰라서 지은 모든 죄를 용서해주소서.

3단계 소망의 그림을 그리며 계속한다

가족 모두 예수님을 구원자로 고백하고 하나님을 우리 가정의 주인으로 선포하며 주님을 예배하는 가정을 그립니다. 부모를 공경하고, 자녀를 사랑하며, 서로 격려하고 칭찬하는 따뜻한 집을 그립니다.

유머와 놀이가 있고 말씀과 기도가 있는 가족 모임을 그립니다. 일용할 양식에 감사하고 가족을 위해 축복 기도하는 가족 식탁을 그립니다.

이웃에게 소망이 되고 사회와 나라와 열방을 섬기는 축복의 통로가 되는 가정을 그립니다. 주여, 은혜와 긍휼을 베푸사 이런 모습을 눈으로 보게 해주소서. 하나님나라가 우리 집에 이루어지는 모습을 보게 해주소서.

4단계 성령을 의지하며 간절히 구한다

우리 가정은 주님의 집입니다. 주님, 들어오셔서 주인이 되시옵소서. 왕으로 다스리소서. 가족 모두 주 예수를 믿게 해주소서. 그리하여 우리 집이 구원을 얻게 해주소서. 말씀을 사모하는 마음을 심어주소서. 진리를 찾게 해주소서. 말씀을 듣고 읽을 때 깨닫게 해주소서.

성령님, 가족의 마음에 하나님을 심어주소서. 진리의 말씀을 새겨주소서. 새 마음을 주소서. 성령으로 거듭나게 해주소서. 예수님을 인격적으로 만나는 은혜를 주소서.

우리 가족이 영원한 생명을 얻게 해주소서. 모두 구원 얻고 제자로 살게 하소서. 축복의 통로로 살게 해주소서.

5단계 축복하며 믿음으로 선포한다

하나님은 우리 가정에 복 주시기 원하며 우리 가족을 지키시기 원합니다. 그 얼굴의 빛을 우리 가정에 비추사 은혜 베푸시기 원하며, 그 얼굴을 우리 가정으로 향하여 드사 평강 주시기 원합니다. 예수 그리스도의 이름으로 우리 가정을 축복합니다.

주님은 저와 가족의 반석이십니다. 주님은 저와 우리 가족이 피할 안전한 요새이십니다. 주님은 저와 가족의 구원자이십니다. 주님은 저와 가족이 언제나 달려가 피할 수 있는 바위이십니다. 주님은 저와 가족의 보호자이십니다. 주님은 저와 가족의 자랑이시며 노래이십니다. 주님은 저와 가족이 편히 쉴 수 있는 집이십니다. 주님은 우리 가족이 경외할 영원한 하나님이십니다.

주님은 저를 구원하셨습니다. 우리 모두를 구원하실 주님을 찬양합니다. 그 구원의 복을 온 세상에 흘려보내는 통로로 우리 가정을 사용하실 주님을 찬양합니다. 주님, 우리의 기도를 응답하소서. 예수님의 이름으로 기도합니다. 아멘.

기도는 죽지 않는다

초판 1쇄 발행   2018년 4월 9일
초판 10쇄 발행   2023년 2월 20일

지은이   홍장빈·박현숙

펴낸이   여진구
책임편집   김아진
편집   이영주 박소영 최현수 안수경 김도연 정아혜
책임디자인   마영애 | 노지현 조은혜 이하은
기획 · 홍보   진효지
마케팅   김상순 강성민   마케팅지원   최영배 정나영
제작   조영석   경영지원   김혜경 김경희 이지수

303비전성경암송학교 유니게과정 박정숙
이슬비전도학교 / 303비전성경암송학교 / 303비전꿈나무장학회

펴낸곳   규장

주소 06770 서울시 서초구 매헌로 16길 20(양재2동) 규장선교센터
전화 02)578-0003   팩스 02)578-7332
이메일 kyujang0691@gmail.com   홈페이지 www.kyujang.com
페이스북 facebook.com/kyujangbook   인스타그램 instagram.com/kyujang_com
카카오스토리 story.kakao.com/kyujangbook
등록일 1978.8.14. 제1-22

ⓒ 한국어 판권은 규장에 있습니다.
이 출판물은 저작권법에 의해 보호를 받는 저작물이므로 무단 전재와 무단 복제를 할 수 없습니다.

책값 뒤표지에 있습니다.
ISBN 978-89-6097-530-9 03230

규 | 장 | 수 | 칙

1. 기도로 기획하고 기도로 제작한다.
2. 오직 그리스도의 성품을 사모하는 독자가 원하고 필요로 하는 책만을 출판한다.
3. 한 활자 한 문장에 온 정성을 쏟는다.
4. 성실과 정확을 생명으로 삼고 일한다.
5. 긍정적이며 적극적인 신앙과 신행일치에의 안내자의 사명을 다한다.
6. 충고와 조언을 항상 감사로 경청한다.
7. 지상목표는 문서선교에 있다.

하나님을 사랑하는 자 곧 그의 뜻대로 부르심을 입은 자들에게는 모든 것이 合力하여 善을 이루느니라(롬 8:28)

 Member of the Evangelical Christian Publishers Association

규장은 문서를 통해 복음전파와 신앙교육에 주력하는 국제적 출판사들의 협의체인 복음주의출판협회(E.C.P.A:Evangelical Christian Publishers Association)의 출판정신에 동참하는 회원(Associate Member)입니다.